天公伯啊！請翻轉我的生命

千年以來被隱藏的秘寶終於出土了

鳳林心境 著

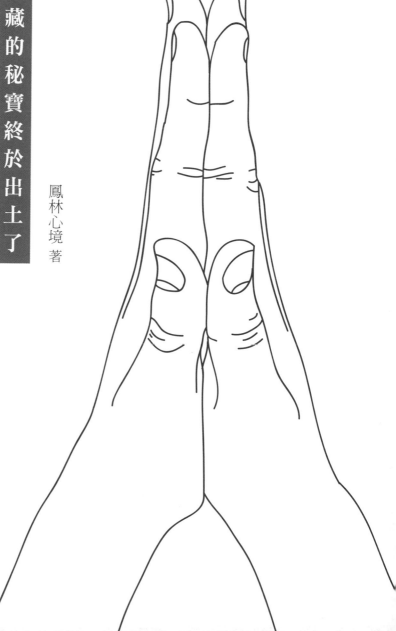

【前序】

　　「天公伯！請翻轉我的生命！」相信這句話是無數人內心沉痛吶喊……你所羨慕的郭台銘先生，在他事業家庭極度風光背後，莫忘記他也曾走過喪父、喪弟、喪偶的心痛，那是金錢再多也無法彌補的缺憾。

　　你羨慕著金字塔頂端的人士，世界各地奔波的ＣＥＯ叱吒風雲，可是在西元２０１５年卻有好幾位高科技產業人才，年紀約莫半百，便從生命舞台殞落，那般耀眼奪目，卻選擇終止自己成功進行曲。

　　在按下悲傷休止符之前，他們內在長期吶喊的無非不是這句「天公伯！誰來救救我？翻轉如此不快樂的人生！」

　　想翻轉人生的人們，此刻可能是經濟困窘、手頭拮据、婆媳失和、家庭紛擾、夫妻離異、親子撕裂、失志憂鬱、事業瓶頸、壓力罩頂，多麼想活出不同的人生，卻感覺四處撞壁，彷彿整個世界都與你有仇、全人類都與你為敵，你的另一半、下屬、同儕、子女都在為你製造麻煩，但真相是如此嗎？？

　　筆者在學習這套課程之前，前面提過種種擾人問題，大約全都碰上了，明明是他人眼中的勝利組，也精心挑選了高智商高學歷配偶，踏入婚姻後，雙方家庭重擔都落在肩上，兩個人都想將婚姻維持得如學校高分成績單，卻發現相愛容易相處難，孩子偏偏連著來報到，四代同住的婆媳問題，讓筆者逐漸失去歡笑，兼顧工作與家庭，樣樣不討好，家裡開始出現爭吵與咆哮，開始出現傷害、誤解、溝通障礙，開始明明那樣深愛著老公、深愛心頭肉的子女，說出來的話語卻比連續飛射的小李飛刀還可怕，心裡不斷怨怪著老天爺不公平，我這樣努力、拚了命想要當

個盡職孫媳婦、孝媳、賢妻良母、優質職業婦女，憑甚麼不賜我最圓滿的家庭及事業？

與這套課程相遇之前，我已經進行了一整年的婚姻諮商，從南到北尋求解藥，配偶那樣疼愛我，願意陪著我打開內心傷痛，只是我的頭腦就像糞坑中的石頭，又臭又硬，充滿著對一切事物的批判，甚至仇恨著原生家庭父母，為了栽培我，催逼到極點的打罵教育，在那時，所有叛逆完全像海嘯巨浪襲來，毫不留情將我吞沒，我只想親手毀滅一切。

那時候的筆者，所有付出的點點滴滴，只是想控制別人，何嘗懂得什麼是『愛』？但是獨處時，我總是控訴著：「天公伯，給我公平一點的人生！」

西元２０１２年３月１２日，筆者上了鳳林心境楊老師的課程，她在短短三小時的課程中，傳遞講解了這十把號碼的鑰匙，我硬梆梆的頭殼，就像被雷電剖開，數十年來困擾的問題，就像電影倒帶般浮現，但是傷痛劇情卻瞬間改版了，突然能夠看見老公的摯愛，看見太婆婆的執著、婆婆的酸苦，乃至兒子女兒的無辜。

因為我用自己的角度去要求所有人像我一樣，忽略了本來每一個人的本質，基本上就有差異，就像是硬要逼著屋前大樹，非離開地球表面不可，然後再陪我婆娑起舞，多少年來，我做出多少何其愚昧的舉措，只是徒然浪費時間與能量。

托爾斯泰說：「幸福的家庭都是相似的，不幸的家庭各有各的不幸。」但其實，人類家庭的離合悲歡，多數是換湯不換藥的，我們往往堅持自己所是，硬要套到別人身上。

筆者的世界觀被打開之後，像是開始多了無數眼睛與翅膀，可以看見出生到人間，卻手裡各自握有不同鑰匙的老公、爸媽、婆婆、子女，

開始可以用他們能理解的語言溝通，也同時能與地球上其他掌有不同號碼鑰匙的人順暢互動。

　　每個人來這世界，最需要研究解讀的其實是自己，當你不了解自己的時候，你無法體會快樂，你只是個擅長演戲、滿足他人需求的機器人，最特殊的是－讀懂了自己這本無字天書後，你也自然能通透別人的書。

　　這十個號碼鑰匙是可以通古博今、跨越中西文化差異的世界語言，讀懂自己、掌握自己之後，所有的天分就會快速地回到你身邊。當你想要財富，你會有足夠的智慧去學習、處理及面對。當你想要愛情，你會找到方法，讓對方成為你最棒的搭檔。當你想要親情，你會知道如何與子女溝通，如何順應他們密碼本質，陪伴他們一直走下去。你會與周遭的人事物進入和諧的關係，開始體會甚麼是愛。

　　短短三年左右，筆者經歷了家庭、事業、經濟完全逆轉，就像呼應著多年來的內心吶喊。天公伯捎來的這套課程學問，讓筆者從心有未甘、愁容滿面，變成心悅誠服，忍不住想高聲感謝：「天公伯，感謝這一切，感謝祢讓苦情花大翻身！」現在，只要你願意打開這本書，天公伯也能陪伴你一起演出逆轉翻身記。

【目錄】

第三章　學員心得分享

第四章　鳳林心境的由來

【前言】

《天公伯！請翻轉我的生命》這不僅僅是一本書，現在握在你手上的，是能打開老天在你身上賦予『成功豐盛』潛能的鑰匙。

你天生就應該活得很富足、很成功。那為何你還達不到你要的成就，只因為你不知道『你是誰？』、『 WHO AM I ？』

每一個人一出生，都在『證明自己有存在性的價值』和『尋求愛』。假如你無法滿足這內在的『渴求』，那『特殊性』就會不斷在內心滋長，這會影響你在靈性層面上的成長，更會加速你在物質世界裡貧困，產生匱乏與失敗。

其實，上天給這世界十把鑰匙，希望人們能透過這十把鑰匙，創造自己和他人美好的人生。只是人們遺失了這十把鑰匙，才導致你爭我奪，恐懼出現了、痛苦也出現了。

現在，我們終於重獲這十把鑰匙，我發現只要學會使用這十把鑰匙的人，生命就會變得更成功，生活也會變得更豐盛了。

更重要的一點，透過這十把鑰匙，我們會慢慢地走向自我實現的天命。我們都希望成功，更希望在今生能自我實現。

《天公伯！請翻轉我的生命》一書中，教會我們學會用正確的方法，才能真正破解頭腦的迷失，來改變今生的命運。將命運之神操在自己的手中，運用天地之理，扭轉乾坤。花一點時間研讀這一本書，讓自己有機會重獲這十把鑰匙，真正開展自己美麗的人生。

天以旬首示人，唯世人不明察，有福不趨、有難不避。

終至癸，必有一敗。

第一章

找出你的【成功密碼】
改變你的人生劇本

【第一節】 成功的定義

　　『成功』的定義很廣，大部分的人認為在事業上有一番成就，有錢、有勢就是成功。不過，不論你想要在哪一個層面獲得成功，你都必須要先清楚你自己成功的基石是什麼？

　　何謂成功的基石呢？簡單的說就是要具備寧靜的心。如何才能擁有一顆寧靜的心呢？

　　你必須先認識你自己。認識自己是最難的，如果你去街上隨便找人問：「你認識自己嗎？」我想許多人會說：「當然啦！我怎麼可能會不認識我自己。」

　　但或許有些人會說：「是的，其實我並不了解自己。」如果你繼續追問這些人：「你為什麼認為你不了解自己？」其實，大部分的人都無法回答，因為大部分的人根本不知道答案。假如你不知道你是誰，那你如何認識你自己？

　　如果有一個簡易的方式，讓你知道你是誰，你就可以真正認識自己，進而快速找到讓自己成功的方式，那麼你就有能力改寫自己的生命劇本，讓自己的人生變成一齣美好的戲劇。

　　老子道德經有云：「人法地，地法天，天法道，道法自然。」的確，人本來就是生活在大自然之中，從大自然中認識自己，是一條最快速的方式。

　　大自然的現象是由「木、火、土、金、水」這五種物質的變化所組成，它不但影響了人的命運，同時也使宇宙萬物循環不已；它不僅強調整體的概念，也描繪了各種事物的結構關係和運動形式。自古以來，人類是

敬畏天地的。沒有天地，也就沒有人類。

太陽、月亮、山川、河流、花草、樹木，賦予人類生存的環境。天地、四季、生物的運行決定了人類最基本的生活規律，源遠流長的文化告訴人類行為的準則，任何天體的變化和異常都影響著人類的生活，和人類息息相關。

地：【孕育】↓我們的肌膚是大地的綿延（土）

水：【滋潤】↓我們的血液是江洋的奔流（水）

火：【溫暖】↓我們的體溫是火焰的熾燃（火）

風：【傳遞】↓我們的呼吸是微風的流動（金）

只有當你學會看見『你是誰』的時候，你才會接受自己，然後慢慢學會愛自己。如此一來，你才有辦法在關係中看見所有的實相。那麼無論以後你面對誰，所有的關係都會給你帶來平靜，這個平靜將會帶給你此生卓越的成功，你將能輕而易舉享受您的生命。

【第二節】 千年不傳的秘訣

如何善用天公伯給出的鑰匙～【成功密碼】，創造全方位的成功？

～在生命中為自己建立一個均衡自然成功的生態環境～

閱讀步驟

1、請先使用下表，找出個人獨特的成功密碼

2、認識十個基本成功密碼～十把鑰匙

3、運用成功密碼了解事業夥伴、生命的對待、成功的特質

西洋生日換算為成功密碼 （表一）

密碼	3 甲	4 乙	5 丙	6 丁	7 戊	8 己	9 庚	0 辛	1 壬	2 癸
出生西元年與生日範圍	2014.01.31 ～ 2015.02.18	2005.02.09 ～ 2006.01.28	2006.01.29 ～ 2007.02.17	2007.02.18 ～ 2008.02.06	2008.02.07 ～ 2009.01.25	2009.01.26 ～ 2010.02.13	2010.02.14 ～ 2011.02.02	2011.02.03 ～ 2012.01.22	2012.01.23 ～ 2013.02.09	2013.02.10 ～ 2014.01.30
	2004.01.22 ～ 2005.02.08	1995.01.31 ～ 1996.02.18	1996.02.19 ～ 1997.02.06	1997.02.07 ～ 1998.01.27	1998.01.28 ～ 1999.02.15	1999.02.16 ～ 2000.02.04	2000.02.05 ～ 2001.01.23	2001.01.24 ～ 2002.02.11	2002.02.12 ～ 2003.01.31	2003.02.01 ～ 2004.01.21
	1994.02.10 ～ 1995.01.30	1985.02.20 ～ 1986.02.08	1986.02.09 ～ 1987.01.28	1987.01.29 ～ 1988.02.16	1988.02.17 ～ 1989.02.05	1989.02.06 ～ 1990.01.26	1990.01.27 ～ 1991.02.14	1991.02.15 ～ 1992.02.03	1992.02.04 ～ 1993.01.22	1993.01.23 ～ 1994.02.09
	1984.02.02 ～ 1985.02.19	1975.02.11 ～ 1976.01.30	1976.01.31 ～ 1977.02.17	1977.02.18 ～ 1978.02.06	1978.02.07 ～ 1979.01.27	1979.01.28 ～ 1980.02.15	1980.02.16 ～ 1981.02.04	1981.02.05 ～ 1982.01.24	1982.01.25 ～ 1983.02.12	1983.02.13 ～ 1984.02.01
	1974.01.23 ～ 1975.02.10	1965.02.02 ～ 1966.01.20	1966.01.21 ～ 1967.02.08	1967.02.09 ～ 1968.01.29	1968.01.30 ～ 1969.02.16	1969.02.17 ～ 1970.02.05	1970.02.06 ～ 1971.01.26	1971.01.27 ～ 1972.02.14	1972.02.15 ～ 1973.02.02	1973.02.03 ～ 1974.01.22

西洋生日換算成成功密碼　（表二）

密碼	3 甲	4 乙	5 丙	6 丁	7 戊	8 己	9 庚	0 辛	1 壬	2 癸
出生西元年與生日範圍	1964.02.13～1965.02.01	1955.01.24～1956.02.11	1956.02.12～1957.01.30	1957.01.31～1958.02.17	1958.02.18～1959.02.07	1959.02.08～1960.01.27	1960.01.28～1961.02.14	1961.02.15～1962.02.04	1962.02.05～1963.01.24	1963.01.25～1964.02.12
	1954.02.03～1955.01.23	1945.02.13～1946.02.01	1946.02.02～1947.01.21	1947.01.22～1948.02.09	1948.02.10～1949.01.28	1949.01.29～1950.02.16	1950.02.17～1951.02.05	1951.02.06～1952.01.26	1952.01.27～1953.02.13	1953.02.14～1954.02.02
	1944.01.25～1945.02.12	1935.02.04～1936.01.23	1936.01.24～1937.02.10	1937.02.11～1938.01.30	1938.01.31～1939.02.18	1939.02.19～1940.02.07	1940.02.08～1941.01.26	1941.01.27～1942.02.14	1942.02.15～1943.02.04	1943.02.05～1944.01.24
	1934.02.14～1935.02.03	1925.01.24～1926.02.12	1926.02.13～1927.02.01	1927.02.02～1928.01.22	1928.01.23～1929.02.09	1929.02.10～1930.01.29	1930.01.30～1931.02.16	1931.02.17～1932.02.05	1932.02.06～1933.01.25	1933.01.26～1934.02.13
	1924.02.05～1925.01.23	1915.02.14～1916.02.02	1916.02.03～1917.01.22	1917.01.23～1918.02.10	1918.02.11～1919.01.31	1919.02.01～1920.02.19	1920.02.20～1921.02.07	1921.02.08～1922.01.27	1922.01.28～1923.02.15	1923.02.16～1924.02.04

註：華人區域，就是以農曆過年為基準點。

Phoenix Center

第二章
成功的十把鑰匙～
【十天干】

Phoenix Center

當初老天把這１０把鑰匙賜給地球的神人，這神人只是把這鑰匙運用在帝王之家，一般人是很難接觸到的。所以當時的帝王就運用這１０把鑰匙來治理國家，這１０把鑰匙揭示了萬物生長、繁盛、衰老、死亡的變化過程，更揭示了靈魂的世界，這一些都是密而不傳的千古秘密。

大約在夏朝時代，帝王之家就慢慢釋放這十把鑰匙的符號，最明顯的證據就是夏朝後期有帝王叫做孔甲、胤甲。聰明的中國人把老天給的十把鑰匙用十天干的符號來替代，不過，卻從來沒有人解釋要如何用它，以至於大家變成只知道十天干的存在，卻不知道這十天干的意義。

所謂十天干即為甲、乙、丙、丁、戊、己、庚、辛、壬、癸。其排列順序是固定的。現代的人只是把這十天干看成是「命理」的符號，實在是非常的可惜，更失去了當初遠始的涵義。

「天干」，這個源自於宇宙不可測的能量，形成了這個有形世界所有的一切。經過蒐集考證後，絕多數人也認同地、水、火、風為地球生命的基本元素。中國古代的先賢，也已發現五行生剋的自然法則，一直流傳至今，亙古不變。

中國自古至今的時序符號「十個天干」，其意義與陰陽五行搭配也有密切關係。「在天成形、在地成象，是謂天象。」能量看不見也抓不著，只能依賴觀察大自然的景物而加以覺察。

所以老子曾言：「人法地，地法天，天法道，道法自然。」老子的這一句話其實就是在談十天干。假如有人可以用十天干來談老子的思想，那道德經就不再深奧難解。而且，假如能用十天干來解釋任何宗教的經典，例如：佛經、道德經、聖經、可蘭經…..等等，那開悟解脫就會變成一件輕而易舉的事情了。

　　『十天干，以治社稷』。這一句話道盡了十天干的重要性，假如你不懂這十天干的涵義，那你在 21 世紀就真的落伍了。

　　不過，在這一本書中，除了運用很多的角度來談論十天干之外，也分享了古今中外很多的名人的事蹟，讓各位讀者能明白這十天干對自己的重要性。

　　當你明白十天干對你的重要性之後，假如你能用大自然的角度來體驗十天干，那就應驗一句話：『十天干，以渡眾生』。有興趣的讀者，可以來參加鳳林心境所舉辦的課程，會有更深入的體驗。

　　在尚未深入話題之前，還是要簡單介紹十天干的主角，以方便新一代年輕學子熟悉駕馭。

【第一節】 成功的第一把鑰匙：甲年生者【密碼3】

首先我們先介紹天干「甲」。以民國紀年，農曆出生年分尾數為３的人，其天干就是甲，如民國１３年、民國２３年……等出生的人，男女皆同。稱為【密碼３】，成功的第一把鑰匙。

> 參天玉樹純陽木
> 破種競天根競爭
> 翹楚大器蘊祥和
> 花果蔭綠共榮生（李太白粉）

◎甲年生者：頂天立地真穩固，腳踏實地好修行。

古今知名人士如：梅克爾、王健林、張曼玉、林青霞、成龍、武則天、康熙皇帝、鄧小平、楊丞琳等。

甲　瓊枝玉樹

甲木能代表一種能量嗎？你只要了解胚芽會「冒」出種皮、根莖會「冒」出地面、根會「鑽」透土地，就能感受到生命的強韌與契機，就能聽到那荒野中「ㄅㄧㄅㄧㄅㄛㄅㄛ」的生命之聲。沒錯，甲木之人勇往前進，你是否看見自己具備這無窮的力量？

【甲】的造字本義：古代士兵作戰時，手持著有握柄的盾牌，抵禦矛槍的進攻，以保護身體。這就是【民國出生年分尾數為３】的人所具

備的能量，古人以木喻人，樹木昂然聳立於天地之間，樹木本身所涵蓋的一切，在在暗喻著甲木之人的本質。

◎甲木之人　向陽又向濕、內在有隱藏

　　甲木之人通常外表陽光，內在卻有所隱藏，因為樹木本身就有向陽又向濕的特質，因此甲木之人有股神秘感，讓人既尊重他們，又忍不住好奇地想要打探他們，這是甲木之人所具有的特質。

◎甲木之人　步步為營，打穩根基，贏在起跑點

　　甲木之人，無論在人生的哪個階段，牙牙學語、學齡兒童或是社會新鮮人、乃至婚後經營家庭，只要是處於那階段的初期，就像是練功要先學會蹲馬步，必須要學習將根基紮得又深又穩，這是甲木之人生命中不容跳過的步驟。對他們而言，根部是極為重要的，如果能建立穩固的根部系統，就能讓他們贏在起跑點上，掌握了平順往上成長的機會。

　　樹木需要透過根部吸收營養與水分，根部在土壤裡的擴展，就像是在檯面底下的運作，外表默不作聲，我們看不見樹木與樹木在森林裡上演的競爭戲碼。樹木在土壤之下，各顯神威，根部爭的是水，也搶佔生存空間與地盤。甲木之人比較像「黑矸仔裝醬油」，外在看不出明確的動作，因此有時會給外人先入為主的錯覺，認為他們似乎比較自私，但是站在甲木之人的天性來看，其實這只不過是順應自然的生存之道而已。

　　人只有順應自然法則，自身的磁場才能與天地間自然的真理相呼應，如此才能真正的運用天地之理，扭轉乾坤，來改變自己未來的命運。這樣一來也才能真正的趨吉避凶，離苦得樂，解脫自在。

◎甲木之人 適者生存、不適者淘汰

在野地中求生存的樹木，參與著一場場紮紮實實的「適者生存戰役」，如果沒有費心精算，把握身邊的資源與機會，樹木又如何順利成長茁壯？

這個特質也可以在甲木之人一代女皇武則天身上看見。大自然中的樹木，必須利用地水火風的資源，看起來似乎是踩著別人而成長，但這是樹木彼此心照不宣，卻又昭然若揭的祕密。現實生活中的甲木之人，身邊的人若只議論他們汲汲營營於鞏固自身的資源與利益，其實是偏頗的觀點，站在客觀角度去看，他們只是在爭取生長茁壯的機會，這其實只是樹木天性的展現。

◎甲木之人 盤根錯節、內心藏秘密

因為樹木根部盤根錯節，藏在暗無天日的地方，因此甲木之人喜歡保有小祕密，而且重視隱私。身邊親人有時會覺得他們偷偷摸摸，似乎都在悶著籌畫事情，但如果要求甲木之人將心底事全盤掀開，就如同是要樹木把地底深處的根部系統挖出來細數，對他們而言，「刨根究柢」是充滿危機及恐慌感的。因為只有傾倒的大樹，才會乖乖躺著任人宰割，讓人恣意揭柢翻根，所以對甲木之人千萬別犯了這個大忌諱。

對樹木而言，雖然姿態有別，但他們對外想展現的是翁翁鬱鬱、生機蓬勃的那一面，公開揭露這些「綠巨人」有違形象之事，著實會讓他們難以承受。因此身為他們的配偶或好友，若能允許並接納甲木之人擁有內心私密角落，減少事事探問的掌控模式，反而會取得他們更多的信

任與安全感，他們周圍的人若能懂得守護他們的根部，無形中也能協助他們站穩根基。

從上面這段敘述中，我們不難發現甲木之人的辛苦之處，他們又要往上向著天際成長，又要往下擴根，在往上與往下的方向之間糾葛著，於是內心常會有所拉扯。有時他們觀看著內心的籌畫時，甚至產生對自我的批判與質疑，外人常以為他們似乎精於算計，其實樹木若想要頂天立地，必須運籌帷幄，充分運用各種地球資源，這是不可或缺的。因此甲木的人，只要能看見這是天性與本質，無關好壞，便可以減少內心不時拉扯的現象。

◎甲木之人 逐步建立自信、方能衝破風雨考驗

甲木之人外表往往看起來挺拔，所謂「十年樹木，百年樹人」，甲木之人在生命過程中，需要周遭的人加以培育及等待，我們不妨觀察樹木成長過程，每棵大樹都是從小樹開始茁壯，歷經歲月的累積，年輪一圈又一圈，樹幹逐年加粗，旁人可能感覺甲木之人成長緩慢，但是他們默默吸收外在種種資源，一暝長一吋，就像媽媽每日與孩子相處，竟渾然不察時光匆匆飛逝，突然間驚覺——孩子已經高過父母一顆頭了，甲木之人慢慢成長，至萬事齊備，便可以獨立闖蕩天下。

建立甲木之人的自信心是很重要的，因為一棵垂頭喪氣的大樹，肯定是健康的絕緣體。

童年時期的甲木之人，或是職場新鮮人的甲木之人，父母或主管在他們人生或職場的早期階段，不妨多給予他們一些成功的體驗。藉由自信心的建立，他們會不斷往前跨出一步，慢慢成長，一旦打穩基礎，建立成功模式，豐盛就指日可待了。

甲木之人並不害怕面對挑戰或是考驗，只要他們有足夠的自信和能力，就懂得加以突破，創造成功與豐盛。

◎地水火風皆是甲木可充分運用的資源

土地可以讓樹木紮根（學習），水可以滋養樹木（智慧），火協助樹木進行光合作用（努力），風幫助讓樹木播種（延續）。所以甲木之人得天獨厚，所有的資源都可以為他所用，只要他願意，這些資源就是他的。

◎甲木之人 不任意轉換環境、 長期經營換取成就

甲木之人需要成長的時間，切記不可心急，不適合對甲木之人揠苗助長。除此之外，甲木之人也需要可發揮的空間，種在盆栽的植物縱使長得再大，高度還是受到侷限，因為打從一開始它就被困在小小的盆子裡了。

「甲木不發少年郎」，對甲木之人而言，萬事起頭難，他們需牢記在心：踏踏實實、努力經營自己，假以時日，便可以蛻變為令人讚嘆驚喜的巨木。

樹木在發芽、育苗成功之後，必須換到更適合的土地上培育，才能成長茁壯。在求學或職場上，甲木之人都需要醞釀期，千萬要記得—絕對不要讓甲木之人常常面臨外在環境的重大變動。

對自然界的樹木而言，每次的移植，皆會造成元氣大傷，除了面臨可能移植失敗的危機，重新適應外在環境也是一項考驗。因此如果身為甲木之人的父母，就不適合學孟母三遷，最好在他們入學之前，就能先

做好審慎評估，讓他們在安定的環境中成長。

至於甲木之人的事業，自然也不宜三天捕魚、兩天曬網，一年到頭換工作。對於甲木之人而言，要先把根部盤得又紮實又細密。親愛的甲木之人，撐下去！「戲棚下站久就是你的」了。

◎甲木之人 樹要皮、人要臉、重視顏面，順著樹皮梳理

仔細觀察世界各地的神木，穿越數百年歲月，依然矗立高山之上，除了外觀上樹幹粗大，需要好幾個人牽手方能環抱，更可貴的是他們歷經無數次大風大雨的磨難，依然屹立不搖的強韌生命力。

對應在甲木之人的身上，他們隨著生命流轉，閱歷日漸豐富，會逐漸呈現一副「老神在在」的樣貌，彷彿遭遇困難能一無所懼，勇敢面對。

甲木之人長得越壯大，遇見小人的機會也相對越多，就像是自然界的樹木成長茁壯後，便會經歷到蟲害問題。 對此，甲木之人最好牢記在心，只要能克服這些挫折，便能激發出自己更多潛能，也更精通於問題的解決之道。

此外，「樹要皮，人要臉」，去觀察被暴雨襲擊的樹木，韌皮部因為運送水的系統組織遭到破壞，樹皮龜裂，看起來就像隻戰敗的公雞。如果肆無忌憚地將樹木環狀剝皮，上面葉片所製造的養分，便無法往下輸送到莖和根，可能導致樹木死亡。由此可知，甲木之人相當重視顏面。

過度嚴重的樹皮受損，或是被破壞了樹幹結構，宛如被斧頭劈砍一樣，對甲木之人都是難以承受之痛。要與甲木之人互動，或者說與任何人互動都一樣，猛力撕下瘡疤，並不是尊重彼此的好方式，要順著對方的情感思想梳理，遇到甲木之人，就轉換成順著樹幹紋路梳理。

在他們看來剛正的表象之中，其實包裹著運輸水分及養分的管道，

給甲木之人活路走，就是給我們自己活路走。「樹倒猢猻散」，甲木的人無路可走，吃虧的無非是我們這些在甲木之人身旁者，所以在甲木之人的身邊，別淨做些吃力不討好的傻事。

◎甲木之人 需要行動（陽光）、智慧（水分）、歷練（空氣)

　　從高空俯瞰植被成林的樹冠層，直插雲霄、枝繁葉茂。枝葉除了可以增添樹木氣勢，同時也能協助大樹擴充勢力與地盤，所以甲木之人，在站穩地盤之後，就會進入『擴張期』。

　　樹葉本身進行的光合作用、呼吸作用與蒸散作用，說明了樹木的成長需要陽光、水分及溫度。

　　對甲木之人來說，光與溫度代表著他們需要拿出具體行動力積極努力，水分往上運送，又代表著他們必須學習運用智慧，把智慧推廣到生命的每個層面上，水與金錢、感情也有關，因此學習如何調配智慧、情感、金錢，使之平衡，算得上是甲木之人的生命主旋律。

◎甲木之人 在白天和黑夜有所區隔，休息是為了走更長遠的路

　　白天的樹木，會進行光合作用，吸收二氧化碳、吐出氧氣，夜間則進行呼吸作用，吸收氧氣、吐出二氧化碳。白天與黑夜氣體交換循環不同，所以甲木之人，不能只是盲目擴充，傻傻的衝、衝、衝，要懂得休養生息之道。

　　擴張過度時，要留給自己喘息的空間，休息是為了走更長遠的路。大樹在夜間是動物的棲身之所，在盛夏的午後，大樹亦提供庇蔭之所，讓人們可以坐在樹下野餐歡聚。

甲木之人要知悉在不同的人生時期須扮演不同的角色。

◎甲木之人　大樹與花朵的共生共榮

別忘了樹木也會開花，因為植物本身無法移動，透過花朵的吸引，其他的人或動物可以協助植物在大自然裡進行授粉。所以甲木之人在人群中會散發某種吸引人的魅力，讓人想主動親近他，透過人脈間的有口皆碑，從而協助他們擴展了人際關係，甚至事業版圖。

就如同八月飄來的桂花香乃至日本櫻花祭，讓人們趨之若鶩，一棵開花的樹，總讓人不禁想駐足逗留。但別忘了營養充足才能開出美麗的花，甲木之人要如何讓自己營養充足呢？

自然就是要留意前面所提到的成功要素—智慧、行動、歷練。

◎甲木之人　大樹長出甜美果實、自利利人

花朵成功吸引目光之後，緊接著才有結出果實的可能。因此甲木之人內在有強烈渴望，希望在辛苦努力之後，換來豐美的果實，這是天性使然。大自然的樹木在不同時節長出果實，在自然界中，遇到災害的大樹，有了延續命脈的危機意識感，甚至會自行變更成長速度，提早開花，只為了提早結果。

西元 2015 年蘇迪勒颱風來襲，許多台灣的行道樹及社區樹木在風災中被摧折，明明將進入秋季，災後樹木休養生息後，竟然出現開花現象，「傳承」是大樹生存的首要目標。

因此，甲木之人會展現並保護他們在各方面的成果，樹木在不同季節生長的酸、甜、苦、澀，都代表著甲木之人在人生不同階段的努力過

程。他們除了會親自享用自己培育的成果，若是有多餘的部分，也樂於與身旁的人分享，不知不覺造福他人，豐富大家的生命滋味。

德國總理梅克爾對於敘利亞難民的處理態度，就是一位成功的甲木之人所展現的氣度。因為德國是歐洲最強盛的國家，這些年德國在歐盟國家中經濟發展依然耀眼，像是開花中的大樹，梅克爾也因此選擇大器、仁慈地提供災民許多援助。

◎甲木之人 大樹的種子萬千、流芳百世

樹木長出果實的真正用意，其實只是想盡辦法留下種子，種子代表著真正的接班人，有了接班人，樹木才得以代代相傳。

甲木之人需要為自己留下種子，也許甲木之人是家庭中的父母，那就照顧培育好子女，光耀門楣；也許甲木之人是一位作家，那就留下可以流傳後代的書籍吧！或者甲木之人是企業界的主管，那就培植優秀幹部，讓企業得以永續經營；乃至甲木之人在教育界工作，那就為社會培育人才。

世代交替，像綠樹成蔭般，使自己成為庇蔭無量無邊眾生的人間菩薩或天使。

◎甲木之人 與周遭人的互動模式

甲木之人的親人、朋友，是選擇成為他們的枝葉，協助他們開拓江山？

還是要當他們的果實、種子延續傳承？

假如你選擇當他們的枝葉，那你最好先做好心理準備，樹葉除了為

他們打江山，還得全然付出自己，難逃掉落的命運，最終變成大樹的肥料。還是你願意選擇成為甲木之人的枝幹，為他們撐起一片天，讓他們得以倚靠你？

抑或是你願意選擇成為甲木之人的果實，享受甲木之人對你的呵護與照料？

當你明白甲木之人的特質，也認出自己是誰之後，便可以設定自己與他們的互動模式，看看自己與甲木之人的關係，你是要成為他的關鍵貴人？

還是讓甲木之人成為你的貴人？

◎甲木之人 取之世界、 用之世界

地球上的人類與動物能夠生存並逐步演化，必須感謝植物釋放大量的氧氣，使地球成為適合生物生存的環境。時至今日，熱帶雨林區仍然如同地球之肺。由此可見，甲木之人，雖然從小到大享受著充沛資源，但也具備使用和分配資源的能力。

他們天生帶有這樣的使命來到地球，「接受與給予是平衡的」，甲木之人，全身上下都是寶，在他們成為頂天立地的大樹之後，需要學習將他們身上產出的所有美好，奉獻給這滋養他們的娑婆世界。

我們對樹木的觀感，其實也就是甲木之人今生所要完成的生命任務。「前人種樹、後人乘涼」，甲木之人來到這世間，就是要德澤綿延蔭子孫。

◎四季之中的甲木之人

‧春季之樹（民國３年、民國５３年、民國６３年出生者）：初春樹苗即將進入快速成長期，因此必須要把握時機、奠定好基礎，但又因為往上生長，需要吸取大量資源，所以給外人的感受，會認為他們比較顧著自己。春天也同時是雜草成長期，要留意小人的問題。

‧夏季之樹（民國４３年、民國１０３年出生者）：夏天是樹木的開花時期，吸引許多的目光，外表亮麗，具有號召力，能言善道，出風頭，如林青霞。

但樹大招風，也容易面臨被人利用而受傷的處境，有迷失自我的可能，但若能自我反省深思，重新了解自己，大樹仍舊是引人注目的。

‧秋季之樹（民國２３年、民國８３年、民國９３年出生者）：入秋後的甲木之人，宛如參天巨木。因為高大，所以能承受秋風吹掃，也代表他們會面臨較多考驗，需要學習內斂等待，才能彰顯才華。

各層面若能踏實去專研，便會有成大器的機緣。秋收結果，「吃果子拜樹頭」，要常懷感恩心，切記不可忘本。出生於秋天的甲木之人，會懂得與人分享，所以給外人的感受最大方。

‧冬季之樹（民國１３年、民國７３年出生者）：冬季萬物進入休眠階段，大地缺乏生機，因此出生於冬天的甲木之人，通常外顯的企圖心及戰鬥力都不強。

冬天是根部向下深紮擴展時期，出生於冬天的甲木之人會休養生息，低調潛藏，反而讓人感覺他們似乎有心機。若懂得修身養性，等待智慧提升之後，便可施展行動力，協助自己掙脫困境，他們外表看來冷靜、如如不動，也適合擔任領導者。

🔹【靜心時間】

1、圖片中的這棵大樹，給你怎樣的感受？

2、如果你是甲木之人，你是世間獨一無二的大樹，輕扣你的心門，
　　想想現在的你是一棵怎樣的樹？

　　畫出一棵最能代表你現在感受的樹，可以加上果實、樹葉等任何你
想畫出來的細節，這正是代表你目前生命感受的生命之樹。

◎甲木之人 極致的表現在於【結果】

對於樹木而言，「結果」是最深層渴望，世界許多文化都提到生命樹，卡巴拉認為人在聖經中被稱為「田野之樹」，而樹只有結出果實，才算終極圓滿自身的使命。

若能全力以赴實現自我，就能與天地同參造化，抵達完美終點。道家呂仙祖所謂「三仟功八佰果」，內外兼修，「三仟功」指著外在世界的應對言行，「八佰果」針對內在心性修持，學習克制內心躁動，摒除無謂雜念、惡念，落實於日常生活中，讓後天薰染的習性，重新回歸真善美狀態，內修、外行皆圓滿，即是證道。

佛家所謂「種善因、得善果」，從「因」上頭去下工夫，印度薄伽梵歌中，有棵根植於天堂的生命樹，外型上「樹根在上，樹枝在下」。「樹根」代表原因，也象徵著至上存在，卡巴拉教導也與這一棵樹相同，強調必須從原因層面直接進行改變，才能結出幸福的生命之果，「枝」是

結果，「枝節瑣末」並非真正重點，根部才能真正影響「枝上果」，然而凡人卻「倒果為因」，樹木的根藏匿於地平面下，樹枝代表著外顯世界，同理，精神層面才是甲木根源，藉由物質界的現實催生了最終成果。

　　卡巴拉生命樹，又稱「倒生樹」、「永生樹」，恰巧榕樹的學名也是「倒生木」「不死樹」，榕樹鬍鬚其實是氣根，可吸收空氣中水分，愈潮濕，氣根越多，落到土裡的氣根變粗後，讓母樹更形穩固，像把天地間撐開的巨傘，粵志：「其樹可以倒插，以枝為根，復以根為枝，故一名倒生樹」，榕樹可以成為甲木精神總指標，俗稱「庇蔭樹」，全身皆寶，樹鬚加藥草泡酒，可治感冒及關節疾病，甚至果實也可入藥，葉子可活血散瘀、避邪之用，樹脂還可治眼翳病，鄉卜老人家最愛在榕樹下乘涼、泡茶、聊天，是感情凝聚不可或缺的元素，綁上紅帶的榕樹公，讓社區中男女老幼忍不住膜拜，澎湖的老榕樹，也因為氣根而無限延伸，根與枝已經完美合體，生生不息似乎不再只是夢。

　　所以，世界上的果農一開始就處理根源處，光是「修剪枝葉、拔除劣果」，無助於樹木產出最優果實。解決問題時，甲木也可以參考「樹狀圖」思考模式，一一羅列相關項目，對於甲木個人而言，他們不喜歡

被人掀開底細，所以只能靠自己去面對問題的根部狀況，就像做為一棵樹，最少要弄清楚自己根系的主根何在、側根如何，關於家庭、事業、人際關係的現實問題，甲木必須不辭辛勞地回到原始根部解決，高高在上、無濟於事，愈是逃避、只是「果上加因」，問題層層疊疊，將惡化到難以收拾，檯面下腐敗問題發生了，必須面對及清理，剷除乾癟土壤，毅然剪去烏黑爛根，保留健康部分，從「因地」下手是保命、保本之關鍵。

中國、中亞、西亞、歐洲、非洲，傳統古老文化會採集松柏科樹木，木頭、樹皮，凝脂而生的樹脂，就像皮膚菁華液，提煉出松節油和松香，成為香水、殺菌劑、醫療、宗教儀式材料，在高山上歷經氣候各項考驗的松柏樹，除了發揮固碳作用，每一吋都讓地球得利。

「松果」有著美麗繁複造型，總讓登山客忍不住想撿拾留念，松果會隨著外在環境的濕氣張開與緊閉，其中更有著神奇的費氏數列，像是雙螺旋圍繞著宇宙本源，無始無終，象徵完美的靈性果實，在人類眼睛後方腦裡也有個「松果體」，米粒般大，大腦中唯一的「合一」組織，不分左、右邊，這可感光的組織，根據接收到的光量，調整褪黑激素分泌是重要的生理時鐘，這荷爾蒙影響身體的清醒與睡眠週期，冬日白晝縮短，會導致分泌時間改變，敏感者甚至出現季節性情緒憂鬱，松果體分泌濃度也與年紀有關，會隨年齡下降，年長者松果體甚至可能完全停止分泌，近幾年研究顯示，松果體若配合下丘腦，影響著人類老化過程，笛卡兒認為松果腺體是「靈魂寶座」，在「論靈魂之情」書中，他提到身體有靈魂，而松果體懸於腦部中央，提供了通道，聯繫著腦部前、後方的心神，只要松果體發生細膩變化，心神狀態就會改變，反過來，當心神有絲毫改變，松果腺體也會被改變。

馬太福音 6:22：「眼睛就是身上的燈，你的一隻眼睛若亮，你的全

身就光明」，耶和華說：「我如青翠的松樹；你的果子從我而得。」松果體在世界各靈性傳承教導中，認為人體精神能量會如蛇般，從脊椎盤繞上升，到達松果體「第三眼」，感受神聖之光帶來的極樂智慧果。

對甲木而言，具有「智慧之眼」，即能看穿問題幻象，回歸問題根本的探究，聖者巴觀說：「生命由關係交織而成，你的人生是關係產物。」

關係影響著所有層面的成功與否，無論是身心健康、學習、事業、財務、親情、愛情、友情，圓滿的關係，就會有圓滿生命，關係惡化，也伴隨著各方面的不順遂。

聖者巴觀說：【所有眼前的關係都只是反應你與父母關係之間的狀況】。伴侶關係又常常複製我們與父母的互動模式，一旦與父母之間的關係，能夠成功校準、歸於和諧，生命的每件事自然都能歸於正位，因為生命反映著你的內在狀況，此外，如果你與母親關係惡劣，你將碰上許多不必要的障礙；如果你與父親關係糟糕，你極可能遇上財務的狀況。」一切又一切現前的「善果」「惡果」，都與父母關係這「因緣」，有條隱密而隨時牽動的絲線。

從永生之樹，獻出全部自己的榕樹、松柏樹、還有珍貴的松果，在在揭示著他們從生命之本的原因著手，終至「功成果滿」的生命旅程。

【第二節】　成功的第二把鑰匙：乙年生者【密碼４】

「乙」，以民國紀年，農曆出生年分尾數為４的人，其天干就是乙。例如：民國１４年、民國２４年…………等出生的人，男女皆同，稱為【密碼４】

　　　　　　名花異草陰柔木
　　　　　　風情萬種驕百媚
　　　　　　仁慈善忍性堅毅
　　　　　　順逆明暗皆是春（李太白粉）

◎「乙」年生者：**謙卑彎腰好丰采，人小志高非凡物。**

古今知名人士如：比爾蓋茲、賈伯斯、達賴喇嘛、翁山蘇姬、慈禧太后、忽必烈、唐玄宗、白冰冰、鞏俐、周潤發、郭富城、莫札特……等。

乙　名花異草

「乙」即是描畫草木或萬物抽軋而出之狀（「軋」：擠壓也），從花草迎風搖曳，似鳥展翅又似雲舒卷之狀延伸而來。

「乩童」的「乩」字可以證明【乙】為草本植物。《說文》置乩在「乙」部，所謂乩，便是人以蓍草卜卦問疑、口占吉凶。古人除了以龜甲燒灼出裂痕來卜吉凶之外，也會用這種相傳入冬不死、可以存活數百年的靈草來占卜，既曰占卜，必與求神降示吉凶有關。

【乙】的造字本義：用來捆東西的繩子。這就是民國出生年分尾數為4的人所具備的能量。

甲木之人【密碼3】與乙木之人【密碼4】就像是互補的木性（耿直、仁慈）組合，甲木之人拼命想要墊高生命厚度，而乙木之人代表著小花小草，單從外表觀看，甲木之人對應著木本植物特質，散發較多剛毅氣息。乙木之人則對應於草本植物，乙木的女性顯得溫婉秀氣，男性則顯得文質彬彬。

花是美好、美麗的象徵，佛教徒認為若能在佛前供花，來生便能擁有莊嚴秀麗的容顏。花代表「因」，花開得好，代表因好；因好，果一定好。

植物的英文 plant，此字還有「作物、收穫、工廠、裝置、研究所及醫院等全部設備」，或「與智力相關之書籍、儀器、方法」的解釋。

俚語的此字又與「花招、圖謀、詐欺、歹徒巢穴、窩藏贓品、栽贓」有關。大自然的植物，為了生存與傳承，處處充滿了運算及心眼，例如聰明的青草種子，希望滾糞金龜能替它散播種子，於是偽裝出小型羚羊糞便的氣味，因為滾糞金龜，通常將糞便滾成球，掩埋起來儲備糧食或是在裡面產卵。科學家發現，其中四分之一被精密偽裝的種子，被聖甲蟲帶往距離約２０釐米處成功掩埋。

由此可見木性組合的人，其聰明及機巧之處，可見一般。但處於人的時間、空間之中，機智是值得嘉許的，但過與不及，需要甲木之人【密碼3】及乙木之人【密碼4】拿出心中那一把尺，好好測量評估一番。

王熙鳳「聰明累」是個頗值參考的經典案例，「機關算盡太聰明，反算了卿卿性命！生前心已碎，死後性空靈。家富人寧，終有個，家亡人散各奔騰。枉費了意懸懸半世心，好一似蕩悠悠三更夢。忽喇喇似大

廈傾，昏慘慘似燈將盡。呀！一場歡喜忽悲辛。歎人世，終難定！」 處心積慮，擔心著收成遭竊取，反而轉成空，若是換個心態，也許結局大不相同。

此外，植物英文 plant，動詞另有「種植、創立、樹立、布置內線、給予打擊」，大自然的植物，木木成林相扶持，同類相親，實屬天性，從大地之土，或是天空攝取陽光、空氣，各種水分及養分，動詞又有「灌輸」之意。

甲木之人【密碼 3】及乙木之人【密碼 4】，從小被灌輸的內容，影響他們終生，透過生命的起伏跌宕，去一一查閱思考個人長期被灌輸的信念，不失為入門、認識自我的最好方法。

◎乙木之人 柔弱勝剛強、紆尊降貴、身段柔軟

乙木之人如草本植物的莖，柔軟易曲。如果說甲木之人在人群中能讓眾人見識他們的巍然矗立，那麼乙木之人，則以其艷麗芳華、蔥蘢滴翠之姿，擄獲世人的目光。

千萬別忽視了乙木之人的溫柔威力，小花蔓澤蘭是台灣高山多年難除的隱憂，他們也不過只是小花小草，利用高山大樹，卻佔領了台灣無數山頭，看起來無辜的小花，竟是柔弱的重量級殺手。

現實生活中，我們可以依據不同的花道派別，剪裁枝葉插出姿態萬千的一盆花。草本植物草莖柔弱，乙木之人呈現於外在的特質，時常會被旁人貼上標籤，以為他們沒有主見、缺乏中心思想，甚至帶點逆來順受、卑躬屈膝的味道，也有人用負面字眼，形容他們是愛走捷徑的牆頭草，陶侃他們喜歡逢迎拍馬。

然而這純粹是個人觀點不同，所看的角度不同，如果著眼於希望問

題能順利解決，乙木之人能屈能伸，反而能為問題的順利解決，預留最大的轉圜空間。

◎乙木之人 察言觀色，識得先機，拔得頭籌

乙木之人的生存之道與甲木之人也有所差別。因為花草本身淺根無幹，又無樹枝可助陣，所以他們必須擅長察言觀色，藉以提高自己的存活機率。

漫步於紅磚道上，你會發現在石頭縫隙中，儘管只有微少的細土，花草卻深知如何運用地形地物生長，等到人們發現它們存在時，想要對付這群小草大軍，並且斬草除根，那可真是耗費心神的大工程，沒有請鐮刀先生出馬，完全是拿這些草沒轍的。

乙木之人天生具有豐盛的特質，這算得上是「天賜恩典」，因為農作有二季收成，以農立國的東方國家，農作物通常在農曆六月及八月收成，所以乙木之人在金錢上的回收也會比較快速，正所謂「凡辛勤耕耘者，必歡慶豐收」。

乙木之人的靈巧就在於 -- 即使身處資源不足的環境中，依然能夠發揮下好離手的功夫，抓住天時、地利、人和的最佳時機，創造最高的經濟效益，是「時勢造英雄」的代名詞。他們帶著高敏銳度，可以嗅聞到機會飄散的氣味，懂得順勢而為，「順勢則昌、逆勢則亡」這句話幾乎就是鑲嵌在他們心頭的基本信仰，像是微軟公司的比爾蓋茲，還有蘋果公司的賈伯斯，都是吻合上述乙木之人特質的代表人物。

◎乙木之人 為解語花，是人際關係的潤滑劑

小花小草，給人們溫柔可人的印象，在表達情意的重要日子中，人們總是習慣送上一束鮮花；探望住院安養的病人時，也常送花傳遞慰問之意。因此乙木之人具有潤滑人際關係的天分，他們會讓氣氛軟化、愉悅，稱職扮演團體中的「甘草人物」。

　　如果要排解人際糾紛，乙木之人是不二人選，因為乙木之人的性格溫和，他們具有折衝及溝通的天分，處理問題的過程中，輕而易舉便能轉化氣氛，可以避免雙方撕裂情感。被授權處理問題的乙木之人，能在不同觀點間游刃有餘，不會受限於特定角度或觀點。

　　樹木有直立的樹幹，所以甲木之人比較具有一以貫之的中心思想，乙木之人則明顯不同，小花小草搖曳生姿，忠誠度不是他們在意的重點，好商量才是他們的特質，但是因為視野高度不足，須留意看待人事物的眼光會偏向短淺。

　　乙木之人期待能被別人看到他的努力付出，因此會產生競爭現象，小花小草若想要提升自我，最快速的方法一就是善用身邊的甲木之人，花草若能倚靠大樹，自然地可以增加視野高度。

　　因為草木生長期短，必須要快速生長，以延續物種。雜草一旦叢生，競爭也格外激烈，若懂得運用身邊甲木之人，算是各取所需、互利共生，也順乎大自然中樹葉與樹幹互利共生的關係。

◎乙木之人 對人事物敏銳、情緒易受環境影響
　　　　　多愁善感、惶恐不安

　　耆草做籤占卜，與卜卦算命有關，何以東西方不約而同以草做為占卜工具？從草具備的先天優勢可見一般，正所謂「風吹草動」，風一吹，小草便會隨之搖曳，乙木之人也呈現這樣的特質，容易受到外在環境影

響，因而心情起伏不定。

自然界的草本植物，必須掌握季節，把握時機，在對的時間完成所有生命步驟，無論是萌芽成長、開花結果，都必須在期限內完成，先天危機感比較重。

乙木之人也因此較低調，不喜歡惹事生非，但是花草所處的環境，一定會有雜草，所以乙木之人也有容易「犯小人」的現象。

乙木之人若能領悟這是自然現象，就不必太過介懷，放輕鬆地接納這些小挑戰，一如沒有自己國土的猶太人，在世界各地總是活得戰戰兢兢，但是猶太人父母重視子女的教育，教育他們的孩子不管遇到怎樣的環境，都能以隨遇而安的生活態度，並在商業及法律上有一番成就，隨遇而安正是乙木之人可以仿效的生活哲學。

◎乙木之人 生命力強韌、資源充沛則開疆闢野

因為小花小草必須在短期內完成生命循環，所以不管遇到怎樣的外在環境，都能安然處之，不過是一場及時雨，他們便能趁機擴展勢力。如達賴喇嘛，西元 1959 年他從西藏逃到印度，在冰天雪地中踽踽前行，要閃避當時共軍的包抄夾擊，絕非易事。但韌性十足的乙木之人，越是環境惡劣，越能顯現其堅忍不拔的心志。

達賴喇嘛不像南唐 李後主在失去家園後，鎮日悲嘆「小樓昨夜又東風，故國不堪回首月明中」，他選擇勇敢面對被連根拔起的困頓，在印度 達蘭薩拉找到棲身之所後，在此建立了弘揚藏傳佛教的根據地，將藏傳佛教廣傳於全世界，並以其慈悲智慧觸動人心，讓更多人對佛法產生共鳴。

乙木之人【密碼4】的修行者，若能歷經重重挑戰與考驗，其意識

層次進展之快速，將讓人難以望其項背。

　　身為乙木之人的父母師長，需要等待他們成長。因為乙木本質纖細，就像參加長途馬拉松賽跑，需要學習調配速度，若從一開始就用盡全力，容易後繼乏力，功虧一簣。

　　培育花草要先提供他們成長必需的水、陽光和養分，同樣的，培育乙木之人要為他們建立目標，鼓勵他們學習，他們若能吸收智慧與擁有父母的愛，就比較容易成功。

　　以色列有種獨步世界之花，稱為『沙漠大黃』，數量極稀少，但科學家發現它居然有自我澆灌能力，它有著特別的葉片紋理，具有無數皺褶，讓水分如同流入葉片山谷，再將之導入根部，每年能蓄藏 4.2 升的水，大一些的植株還能存下 43.8 升水，完全集中於根部的水，它能進而讓水滲透到地表以下 10 釐米，因此即使在重度乾旱的沙漠中，它的葉片卻始終翠綠，花朵燦爛綻放、結出果實。對於乙木之人【密碼 4】而言，困境能夠激發他們無數潛能，並且更加懂得善用分配資源。

◎乙木之人 脈絡分明、 條理清楚

　　葉片及花瓣是花草最明顯的特徵，所以乙木之人除了有吸引人的外表，同時也代表做事情脈絡分明、條理清楚。正如花草知道要如何吸引蜜蜂或蝴蝶來傳播花粉，乙木之人需要清楚知道自己的專長與優勢，並加以發揮，就容易增加自己的勝算。

◎乙木之人 代表生命的擴展與展現

　　西風東漸之後，西方教育觀影響全球，西方教育觀點偏向於強調個

人的自我價值。對於乙木之人而言，如果能發揮他們的先天本質，其實又何必執著於證明自己高人一等呢？

有趣的是，當乙木之人不執著於放大個人色彩，反而所有的豐盛都會回歸到他身上。適宜拿來警惕的案例是慈禧太后，因擺錯焦點而過度追求自我中心，極可能會是其他人的惡夢，就像罌粟花，滿山滿谷如斯艷麗，收成之後可以變成解藥。但是果實之中白色乳汁卻可以提煉成鴉片，其氣味可以使人產生幻覺，讓人感到亢奮，在幻覺中上癮，耗盡生機，死抓世間富貴榮華、名聞利養不放，就像罌粟花田，無論再怎樣繁花錦簇，若是被誤用，終有掉落毀滅之時，反而如慈禧太后的落寞，親眼目睹種種風華衰敗。

花草隨風搖曳，順應風向而不致於被吹倒，乙木之人能判別利弊得失，為自己謀劃，又具備臨機應變的高 EQ，以適應環境。他們今生的生命任務是來學習修正自己的行為，覺察自己的特質，能夠真正認識自己，才能客觀了解別人，乙木之人與甲木之人陰陽互存，剛柔並濟，若能認識自己，看見真相，便能快樂似神仙。

◎乙木之人 學習力強，須尋求夥伴結盟

當花草橫向生長一片，往四面八方拓展時，想像一下綠草如茵的景象，這群花草部隊打著「數大便是美」的團體戰，放眼望去，一片花草蔓延，蔚為壯觀。

乙木之人要站到對的位置上，並尋求夥伴支持，進而擴展江山，這其實是非常重要的。著名的乙木之人如：微軟公司的比爾蓋茲和蘋果公司的賈伯斯，他們所開創的電腦王國，無遠弗屆，影響全世界，不正像是乙木之人擴展江山、開疆闢野特質的展現。

◎乙木之人 創造瞬間的繽紛，化剎那為永恆

乙木之人似花朵，必須在短暫時日內，招蜂引蝶、傳播花粉以繁衍生命，「生命的目的，在創造宇宙繼起之生命」，這點甲木之人與乙木之人是相同的。

神農氏嘗百草，或是李時珍的《本草綱目》，乃至西方的花精療法，都是花草對人們的貢獻。乙木之人以其甜美體貼之心，妝點了這個大千世界，走過花季燦爛後，也將自己完全奉獻給這世界，連乾燥花都還能為人們所利用。

「落紅不是無情物，化作春泥更護花。」向日葵在蘇俄車諾比核災後，被用來吸收放射性物質、提取土壤毒素，像是鉛、砷和鈾。日本福島核災也實驗這樣的方式，美國中部種植成片的向日葵，目的是清除土壤中的鉛。金針菜、玉米、稻米也被認為具有這般功效，苜蓿可清理石油、苔類植物可吸收水中汞，進而淨化河川。這樣的做法，形同在污染土壤之上，鋪上一層層綠色植物地氈，透過修剪枝葉，即能逐步清除土壤所含的重金屬，卻不必急於先砍除所有植物，透過它們持續吸收土壤毒素，最終植物本身還是難逃淪為重度污染者，必須走向被毀屍滅跡的命運。

為了利益大地而壯烈捨身成仁，花草（乙木之人）對這世界體現著仁愛之心，為別人奉獻，這點與甲木之人【密碼3】一樣，不禁讓人佩服而且動容，就像翁山蘇姬，當時只是想短暫告別英國先生和小孩，回到緬甸探望生病的母親，沒想到她卻因此走向政治之路，之後為了緬甸民主，被政府軟禁二十年，與摯愛的先生及小孩從此分離，後來更放棄到瑞典領取諾貝爾獎的機會，因為翁山蘇姬知道一旦她離開緬甸，便再

也無法入境，所以即使知道先生癌症末期，她還是選擇堅守故土，而無法見到先生最後一面。她放下個人的小情小愛，這是世人難以理解的家國大愛，她在內心做了最痛苦的割捨、置個人死生於度外。西元 2015 年底，緬甸國會選舉，翁山蘇姬領導的反對黨「全國民主聯盟」贏得國會兩院過半數席次，若能贏得明年總統大選，有機會組成緬甸自獨立之後，第一個符合民主規範的政府。

微軟比爾蓋茲積極參與行善，他認為「取之於社會，用之於社會」，身為資源的擁有者，當資源可以創造巨大影響力時，不該拖延或是置身事外，比爾蓋茲創立了世界最大的慈善事業，經由他與妻子的基金會，拯救過數十萬條人命。西元 2015 年，比爾‧蓋茲再度成為全球首富，他和夫人已陸續捐出了 290 億家產，是全世界捐出鉅額財富排行榜中名列前茅的成功人士，並且很早便表明，他與妻子 95% 的財產將會陸續捐給需要的人，這不正是獻上每分每毫的花草精神嗎？

◎乙木之人　如種子輕盈而漫天飛舞、以世界為舞台

乙木之人具有公關特質，在花開之後，種子蘊藏其中，草本植物的種子，大多造型輕盈，方便種子飛翔於各地，乙木之人如種子一般，有超強適應力，在任何地方都容易落地生根。

乙木之人需要在物質世界中，學習把握今朝，做事不要拖延，從大自然本質中，就昭示著乙木之人要發揮劍及履及的精神，把握生命的不同季節，全力以赴，生長、開花、結果，然後便能驕傲地對自己說：「此生我已無憾。」

◎乙木之人 開發內心的秘密花園，才能走入天堂伊甸園

　　賈伯斯是不世出之英才，展讀他的個人傳記，便能發現他有著極大自我控制鞭策力，即使後來癌症當前，別人也勸不動他，始終堅持個人觀點的茹素方式，終生都受困於自己的身世，生父母之間因為信仰及種族差異問題，加上又是婚前懷孕，遭到賈伯斯的外祖父強烈反對，生父母只好忍痛將他送給關愛孩子的養父母，生母得到對方承諾，願意好好培育他上大學，只是在外祖父往生後，雙方家世均屬不凡的生父母終於能共結連理，隨後生下女兒，賈伯斯知道箇中原委後，雖與生母團聚，但數十年都難以原諒生父，內心無法調適平衡，即使他曾如嬉皮般嘗試解放自我、遠赴印度、並且不斷接近許多心靈療法及禪修。對他而言，始終盤繞不去的巨大夢魘，就像是個散落各處、看來自在的磁粉盒，底下只要小磁鐵出現，舊有模式隨時反撲，直到他往生之前，即使生父已經表達歉意及後悔，賈伯斯都不願意與生父和解，帶著恨意與遺憾告別塵世，讓人不勝唏噓。

陶淵明 - 歸園田居：「種豆南山下，草盛豆苗稀。晨興理荒穢，帶月荷鋤歸。道狹草木長，夕露沾我衣。衣沾不足惜，但使願無違。」陶淵明在田裡耕作，雜草長得極茂密，反客為主，豆苗反而稀疏了，於是他每天早晨需要開始除草。

有句話說「莠草易長、惡習易染」，對應到乙木之人【密碼4】，必須時常清理內心的秘密花園，整理其中的荒煙漫草，草高過人，則人生之路便會窒礙難行，因此需要走入內心花園，審視自悲與自憐，有哪些習性是必須剷除的，或是有哪些過往傷痛是不合時宜，可以適當割捨，莫忘記割下的雜草埋入土中，反而轉成肥料，協助滿園鮮花怒放，對乙木之人【密碼4】而言，內心平靜處便是天堂伊甸園再現，不必馳逐遠方尋覓撲鼻花香，只消靜待自身散發馨香。

古典名著紅樓夢中有段情節，賈寶玉神遊太虛幻境，警幻仙姑現身說法，表明她身居離恨天上，灌愁海中，掌管塵世女怨男癡、人間風情月債，太虛幻境有副對聯：「假作真時真亦假，無為有處有還無。」幻境中另有分類，像是「癡情司」、「結怨司」、「朝啼司」、「暮哭司」、「春感司」、「秋悲司」，仔細品味這些文字，交織著乙木之人【密碼4】地球之旅的情緒轉折，林黛玉及賈寶玉之間的木石前盟，林黛玉即靈河岸三生石畔的絳珠仙草，為報答神瑛侍者前生雨露澆灌之恩，來世間走上一遭，品味黛玉葬花人生的傷春悲秋，約略可以察覺一乙木之人的內心深埋一位隱隱不安的絳珠仙子。

太虛幻境中有首「虛花悟」：將那三春看破，桃紅柳綠待如何？把這韶華打滅，覓那清淡天和。說什麼天上夭桃盛，雲中杏蕊多？到頭來，誰見把秋捱過？則看那白楊村裡人嗚咽，青楓林下鬼吟哦，更兼著連天衰草遮墳墓。這的是，昨貧今富人勞碌，春榮秋謝花折磨。似這般，生

關死劫誰能躲？聞說道，西方寶樹喚婆娑，上結著長生果。

對於乙木之人【密碼4】而言，也許試著回到大自然懷抱視野中，四季更迭是無法改變的事實。「薄命司」配有對聯：「春恨秋悲皆自惹，花容月貌為誰妍？」當季的花容月貌便譜下傳奇，重點不在沉溺於「終必凋謝」之哀愁。

李奧巴斯卡利著有「一片葉子掉下來」，繪本中的主角弗雷迪是片葉子，春天冒出芽，他享受葉子的生活、喜歡樹枝和葉子當朋友；到了夏天，他熱愛炎熱的白日，就連黑夜也讓他安詳到想作夢，葉子丹尼爾告訴他，為人遮蔭是葉子存在的理由，「讓別人感覺舒服」是美好的存在理由。弗雷迪喜歡看見老人，他們靜靜坐在草地上，喃喃低語、細數舊日回憶，還有孩童，雖然他們會調皮搗蛋，惡作劇刻下名字，不過看到孩子歡樂奔跑，真是愉悅，然而時候到了，葉子就需要搬家了，有些人稱呼這是死亡。

丹尼爾說：「任何事物都會經驗死亡，不管他多麼的大、小、強、弱，先做完該做的事，體驗太陽的熾熱、月亮的溫柔、風雨交加的折磨、學會在風中跳舞、學會盡情歡笑，然後我們就要離開。」

弗雷迪發現葉子不斷不斷掉落，他心知葉子告別世界的時候已到，他發現有些葉子掉落前，依然與風抗爭著，有些葉子卻只是將手一放、輕輕墜落，一下子，整棵樹的葉片幾乎都空了。

丹尼爾說：「面對未知，難免害怕，但若你在春季轉夏季，不覺害怕，在夏季走向秋季，也不畏懼，那為何要怕死亡的冬季季節？樹木也有走到盡頭的一天，如果註定要掉落，那一切又有何意義？其實是為了太陽和月亮，是為了大家共聚歡樂時光，為了樹蔭和孩子，為了秋日美麗色彩，為了四季…」。

黃昏金光下，丹尼爾毫無掙扎放手而逝，微笑著讓生命精神封存，凌晨，風也把弗雷迪帶離枝頭，沒有絲毫疼痛，靜默柔軟地飄下，墜落時，他首次見識整棵樹的健壯與牢靠，他確定樹還能活很久，他也體悟了曾經是樹的生命共同體，闔眼之前，對此生深感莫名驕傲。

◎四季之中的乙木之人

・春季之草（民國４年、民國６４年出生者）：綠意盎然，天真浪漫，具有童真之心，讓人容易親近，人際關係上非常討喜。春天小草正在生長，與夥伴間難免有競爭現象，春天的草，適得其時，更見其社交才能。

・夏初之草（民國５４年、民國１１４年出生者）：剛好處於百花綻放期，此時花草最亮麗，故他們會給人自以為是的感受。這個時節稻禾恰好長到最高，讓人誤以為稻穀已成熟，而產生時機成熟的錯覺。對民國５４年次的乙木之人而言，必須提醒他們，務必要腳踏實地，才能迎接豐收。

・夏末之草（民國４４年、民國１０４年出生者）：此時正是大地收成期，民國４４及民國１０４年次出生的人，出生於夏末，有第一次收成，所以在物質上容易豐收。出生在春夏兩季的乙木之人，他們在人生奮鬥過程中，成功率也較高，若能從事當季最夯的行業，更能提高成功機率。

・秋天之草（民國３４年、民國９４年出生者）：此時的乙木之人已經進入了收割季節，秋天稻穀被收割，以供人類溫飽。出生於秋天的乙木之人常會「犧牲小我、完成大我」，給人感覺最受委曲，卻對大眾有所貢獻。翁山蘇姬便是這樣的例子，她犧牲了親情、愛情而成就了國家民主，對推動緬甸民主有重大貢獻。

・冬季之草（民國14年、民國24年、民國74年、民國84年出生者）：出生於冬天初期的乙木之人，如：達賴喇嘛與莫札特，會遇到四處漂泊的環境，可能是舉家南遷北移，像是遊牧民族、吉普賽人。

　　至於出生於冬末的乙木之人，大自然裡只有「奇花異草」能夠安然渡過寒冬，如：梅花、聖誕紅、玉山薄雪草等，對應到人身上，出生於冬末的乙木之人，就要變成奇人異士，本身一定要具有特殊過人的專長，才不至於被淘汰。此時已進入嚴冬，出生於此時的乙木之人對於外在惡劣環境要懂得潛藏並轉化，他們為了存活必須歷經轉變，所以會給人重視現實面的感受。

【靜心時間】

　　六張天象卡，都是【成功密碼4】

　　請在內心想著一個目前讓你感到困惑的問題或是狀況，然後憑直覺選出一張你覺得最順眼的圖片，去看看這張圖片要告訴你的訊息。

【第三節】 成功的第三把鑰匙：
丙年生者【密碼5】

「丙」，以民國紀年，農曆出生年分尾數為5的人，其天干就是丙，例如：民國15年、民國25年………等出生的人，男女皆同，稱為【密碼5】。

光明亮麗絢陽火

無私慷慨耀童真

自律順時循道軌

笑看人世貪嗔癡（李太白粉）

◎丙年生者：**權勢名望鮮亮麗，光明無私照大地。**

古今知名人物如：法蘭西斯一世(教宗)、蔡英文、謝長廷、王永慶、蔡萬春、柯林頓總統、張榮發、蔡衍明、羅智先、金溥聰、徐熙媛、范瑋琪、梁詠琪、瑪麗蓮夢露、勞勃瑞福、徐志摩、唐諾川普、言承旭、李遠哲、 愛新覺羅・溥儀、豬哥亮等。

丙　光明亮麗

【丙】的造字本義：裝在石器孔洞裡的手柄。這就是【民國出生年份尾數5】的人所具備的能量。【丙】字是：將『一』（天或神）收攝於『內』心，然後『與神合一』。

太陽普照大地是一種真理，也是一種簡單無私的奉獻，太陽無私地

提供能量，使萬物能生長，對於這樣偉大的恩德，我們卻輕忽不察、或認為理所當然；就像神對眾人也是一樣平等的給予眷顧，但我們却常常質疑神在哪裏、埋怨神不庇佑我們。

◎丙火之人　給人溫暖、希望、生命力，天性無私、熱情天真

地球若沒有太陽，將會幽暗如冥府。因為太陽提供生命的能源，使地球成為溫度適宜居住的星球，萬物得以滋長，人類文明得以繁衍傳承。

太陽還能融化霜雪，同時藉由氣壓高低差異產生調節溫度的風。因此不分古今中外的文化發展過程，皆共通地推崇太陽神，像是印加古文明和阿茲特克文明。英國巨石陣的修築也與太陽有關，除了希臘神話中的阿波羅太陽神，在東方亦有太陽星君，在在顯示了太陽對人類不可或缺的重要性。高緯度國家在進入冬日之後，因為日照減少，增加了人們罹患憂鬱症的機會，陽光攝取量的多寡也會影響人類的情緒。

大自然裡的太陽，給人類帶來方向和希望。太陽一年四季全年無休，釋放全面光能。丙火之人對應太陽，具有無私、直接、熱情天真、勞碌、堅守崗位、慷慨大方、坦率不隱藏的天性。

《聖經》云：「神叫日頭照好人，也照歹人」，所以丙火之人其實不懂如何區分好人與壞人，沒有大小眼之分，熱心助人卻常常會做一些徒勞無功之事。

丙火之人常為了某些人、事、物奔忙不已，到後來卻反而被人嫌得一文不值，就像閩南語諺語：「做到流汗，被嫌到流涎。」時常付出越多，內心卻越感到無奈，不時陷入吃力不討好的窘境。

丙火之人可以透過自己及一般人對於太陽的觀感，來理解自己與他人的互動關係。炎炎夏日高掛天空的太陽熾熱高溫，人們在路上行走，

常撐起陽傘，或預先擦上防曬乳，深恐被曬傷。這時我們不會感謝太陽的照射，反而抱怨連連，覺得好熱、好熱。但是只要連續好幾天陰雨綿綿，必須忍受多日陰霾不開之苦，這時若看見陽光出現，人們就會開心不已。所以當周遭的人開始對丙火之人出現抱怨之聲，便是丙火之人要開始調整自己的付出與熱情的時候了。釋放光芒過與不及都不好，丙火之人若懂得調整得宜，便能降低內心的受挫感。

◎丙火之人 天上天下、唯我獨尊、個性急躁
　　　　　 掌控慾強、自我中心、自尊心強

　　整個太陽系只有一顆太陽，抬頭仰望，便是眾人目光的焦點。丙火之人傾向要大家聽他的，霸氣十足。太陽系裡，眾星球繞著太陽公轉，太陽會自燃，所以理所當然充滿熱情，就像是家庭中的父親，丙火之人具有強烈的剛性能量。

　　太陽有黑子，黑子越多，核融合反應能生產製造的能量越大。因為陽光太耀眼，太陽本身看不到太陽黑子。丙火之人熱衷付出，只是內在像是藏了個潘朵拉盒子，無法看見自己深藏的恐懼。若是丙火之人願意認真地去看見自己問題，靈性層次自然會提升。這剛好吻合心理學家榮格的「陰影學說」，丙火之人看不見內在的陰影，其實恐懼都存在於自己的內在，而向外投射到這個世界。

　　西元 2015 年有兩位台灣科技產業菁英，皆在眾人遺憾嘆息聲中離世，這兩位恰好都是丙火之人，能力優異、享有盛名，卻都有工作過勞現象，他們努力地運轉了他們的企業體，卻也慢慢失去對生命的悸動與喜悅。

　　丙火之人必須找回向內觀看、自省的能力，與生俱來的光，其實是

來幫助丙火之人淨化自己。如果長年沉醉在科名彰顯、名望一方的期盼中，夜闌人靜時，強烈的落寞感襲來，會產生「繁華若夢」的感觸。他們付出了所有能量給全宇宙，「情到深處人孤獨」，在內心卻時常感到孤獨，不時呼喊「我究竟是誰？」、「我是為誰辛苦？為誰忙？」

丙火之人在忙碌之餘，內在住了一位敏感的哲學家，總在繁華過後，失落來臨時現身。

丙火之人要如何去面對自己？常常扮演太陽，為大家帶來光明，內在深處的寂寥卻不斷啃噬著自己？

武俠小說家古龍說：「真正的寂寞是一種深入骨髓的空虛，一種令你發狂的空虛。縱然在歡呼聲中，也會感到內心的空虛、惆悵與沮喪。」然而太陽在天空不正是孤獨的嗎？就像自古君王多寂寞。

丙火之人先天靈性高，若能與內在神性相遇或是有堅定信仰，就能夠看見內心恐懼陰影的背後其實就是光。對丙火之人而言，認識自己的內在，享受在熱鬧之後的孤獨，反而會讓他們與生命本能的創造勢能接軌，使他們的生命運勢更暢旺。

如果將紂王譬喻成能量旺盛而終致於失控的丙火之人，無疑地，若是當年他願意聆聽比干的直言勸諫，也許就不至於亡國。丙火之人若能找到值得信任的人，並敞開心胸接納建議，可以讓自己光芒更加耀眼燦爛。

站在丙火之人的角度，看他們與其他人的關係，世界之大也有陽光照射不及之處。所以丙火之人要牢記，自己認為對的事，若是強加於他人之上，會造成人際關係上的緊張。倘若能將心比心，替他人設想，就能維持人際關係的和諧，正如在酷寒的冬天，太陽依然光明，照耀大地。

其他人要該如何與丙火之人相處呢？日正當中時，若是直視太陽，

眼睛就可能被灼傷，因此在太陽面前，無論是誰也只能『選擇低頭』。丙火之人也有著這樣的尊貴之氣，個性以自我為中心，好面子。他們無法容忍被人公然否定或質疑，當著眾人的面指正他們，往往會見到他們就像太陽噴出烈焰般陷入失控、憤怒。當他失控、憤怒時，無法評估強度，周遭的人只會自討苦吃。

在與丙火之人溝通時，要給他們面子，就比較容易得到裡子，所以要懂得以轉圜方式間接提出建議，避免直接製造太陽風暴。

丙火之人喜歡得到讚美及鼓勵，排斥被指責、糾正。若是不顧情面，直接公開指責他們，就像是對他們挑釁、下戰帖。

即使如此，太陽光是直線照射的，所以丙火之人的思考模式，也比較直接，情緒通常來得快，也去得快。因為烈焰是噴向別人，所以他們本身無法體會別人被他們灼傷的感受。

◎丙火之人 太陽依固定軌跡而移動、君子慎始

從地球的角度來看，太陽東升西落，其實太陽是繞著宇宙銀河系中心的橢圓軌道公轉，公轉一周大約 2 億 2500 萬年至 2 億 5000 萬年。太陽也是太陽系的中心，它單純執著地移動，提供太陽系星球光能與熱能，如果沒有太陽，大地萬物就會面臨死亡。

丙火之人也具有這樣的特質，他們習慣繞著身邊人或事業團團轉，想為家人及事業夥伴付出所有的一切，越是展現熱情與愛，卻收到越多的怨聲載道。

其實這是丙火之人搞錯人生的先後順序所致，不管在家庭或職場，丙火之人應該先找出自己的目標，繞著自己的目標旋轉，而不是為了其他人傻傻地團團轉。因為在太陽系中，行星是以太陽為中心而旋轉，丙

火之人要站在舞台的中心，讓大家繞著他們旋轉，這才符合大自然現象。

換言之，在家庭或團體中，丙火之人應該是大家仰望的對象，由他們的積極與熱情，促發大家的行動。如果丙火之人是位母親，不妨建立家庭目標，比如說，想要全家出國度假，可以訂出家庭開源節流存款計畫，讓所有家人朝此目標努力邁進。

丙火之人似乎註定了需要勞心勞力，越去做就越有生命力，成就也會越高，太陽如果不想做、不願付出，光芒就會消失。

太陽是按照固定軌道移動的，所以協助丙火之人從小養成正面模式，才是培育他們的正確方法。既然太陽朝固定軌道與方向移動，對應到外在事物，丙火之人若能從『最初』即建立好正確模式，也就比較容易贏在起跑點上，順理成章走在成功的道路上。

因此父母在引導稚齡的丙火子女前，不妨先擬定一個標準作業的SOP 流程，按部就班、照表操課，讓丙火之人先熟悉每個步驟，他們就會走在軌道上，不至於偏離。

《聖經箴言》說：「教養孩童，使他走當行的道，就是到老也不偏離。」正是培育丙火孩童的祕法。

如果是成年之後的丙火之人，進入職場之後，不管是身為主管或是下屬，也可以依據這個基本法則，找出工作上的 SOP，並且認真反覆去執行，直到完全熟悉為止。如果丙火之人以慵懶之心去面對工作，就會越來越偏離目標與軌道，同時也失去成就感，《易經》曰：「君子慎始，差若毫釐，謬以千里。」正是對丙火之人最貼切的提醒！

◎丙火之人 是人群中的指標，須潔身自愛、謹守規範

太陽也是事業的象徵，有個知名茶飲的廣告台詞：「就是那道光！

就是那道光！」光彩奪目的丙火之人，若能吸引人的目光便能出師得利，因此丙火之人要善用行銷包裝，先有名才能有利。丙火之人不妨多花些心思在自己外表上，將自己打理得光鮮亮麗，給人美好的印象，便會產生極佳的加分效果。

近幾年很流行所謂的「女神」或是「男神」，這樣的名詞最適合用在丙火之人身上，因為他們有著太陽的特質。丙火之人的個人風評，其實就是他們最佳的行銷招牌，終身要謹記：「越能潔身自愛，越能揚名立萬，越能為自己創造名利雙收的機會。」

古今中外有諸多的案例可印證，像是美國的柯林頓總統，本來享有極高聲望，但因為與白宮實習生的醜聞案，讓他當年捲入政治風暴中，成為美國史上第二位被彈劾的總統。西元 1998 年期中選舉共和黨遭遇挫敗，柯林頓承認是他咎由自取，像是他自己送給了政敵們一把刀子，而這把刀子就這樣刺進了他的心臟。雖然最終沒有被定罪，但是在那之後，人們對於他的誠信始終存疑，無法再信任他了。

又如末代皇帝愛新覺羅・溥儀，丙火的他卻隨日本而起舞，當上了偽滿州國的皇帝，成為日本的傀儡。對於一位清朝的皇帝而言，這無疑是對祖國的背叛，從一開始便註定了失敗的結局。

『品格』是丙火之人的招牌，一旦品德敗壞，生活各方面都會像被推倒的骨牌一樣，兵敗如山倒，一發不可收拾。

又如某個新聞主播兼美食專家，因為個人因素而誤觸毒品，導致身敗名裂。丙火之人有了品格瑕疵之後，要真心懺悔並改過遷善，因為閃亮的名聲是他們真正的致勝籌碼，唯有重新修復名譽，才能換來東山再起的機會。

另一眾所皆知的案例就是秀場名主持人豬哥亮，他也是丙火之人，

曾經因為嗜賭而斷送多年的演藝生涯，為了躲債，只好到南部鄉間隱姓埋名過生活。

丙火之人具有「因名取財」的格局，是得自於老天的恩典，務必格外珍惜，若是自己砸壞了名聲招牌，將會一蹶不振，落魄街頭者也時有所聞。

幸好豬哥亮先生能深切反省，並且有賢妻帶領他找到內心的信仰。丙火之人只要能與神性相遇，不管是基督徒、佛教徒、道教徒，只要內心有所皈依，提升自己的靈性，並至誠懇切地悔過，就能為自己改寫生命劇本，獲得再創生命高峰的機緣。

◎丙火之人 人生以服務為目的

太陽無時無刻對著宇宙放射光芒，隨時都在佈施、奉獻。因此對丙火之人而言，付出愛心、鼓舞眾人，積極參與公益慈善活動是天性使然，也是最能幫助丙火之人完成使命的具體方式。

當丙火之人最後能體悟到「我即是光」、「我即是愛」，他們便能啟動自身的顯化與創造能力，在精神與物質層面創造「愛的奇蹟」。

丙火之人是人群中的標竿，如王永慶先生，他被稱為「台灣的經營之神」。像太陽遵循日出日落軌跡，他生活規律、遵守規則，日復一日做好自己的本分，同時發揮他無私慈善的精神，除了在921及汶川地震中捐出鉅款救災，也針對台灣清寒原住民，提供免費就讀機會，並輔導他們就業，還捐出三十億人民幣，協助大陸興建一萬所的希望小學。

正如同太陽被世界各文明尊崇為太陽神，丙火之人要提升自己的神性智慧及視野，才能夠輕鬆做事，不會勞命又傷身。不可否認的，王永慶先生雖然奔波勞碌，但是勤於行善及練習毛巾操，這也讓他健康長壽。

太陽與火氣有關，丙火之人的弱點在心血管部分，平時要多加留意保養，上述的王永慶先生、柯林頓先生全都苦於心血管疾病。日出而作、日落而息，丙火之人再忙都千萬要記得 -- 休息是為了走更長遠的路，休息一下，喘口氣再上路，才不致於過勞。

◎四季之中的丙火之人

‧春季之日（民國５年、民國１５年、民國６５年、民國７５年出生者）

初春的太陽（民國１５年、民國７５年出生者）：熱力有限，但持續力強，這階段的太陽，能量尚未完全升上地平線，所以出生於這個時節的丙火之人，他們的內心常有無形的擔憂，眼光也相對短淺，最好能保持一顆熱情、常懷希望的心才會快樂。

春末的太陽（民國５年、民國６５年次出生者）：這時太陽移動到了較高的位置，給人感受充滿活力，王永慶先生便是如此，具有飛龍在天的潛能，可以好好加以施展發揮。

‧夏季之日（民國５５年出生者）：像日正當中的太陽，一腔熱血、處事衝動，會熱情積極地提供能量給周遭人、事、物，喜於與人分享他們的光與愛，艷光四射、熱情洋溢，給人感受最自負，此時節出生的人要凡事依循正道，運勢才易順利。

‧秋季之日（民國３５年、民國４５年、民國９５年、民國１０５年出生者）

秋初的太陽（民國４５年及１０５年出生的人）：此時太陽的能量正在下降中，因此這個時節出生的丙火之人身旁容易出現損友，他們也常對生命輝煌期的榮耀緊抓不放。就像是大企業的董事長，到了該尋覓

接班人的時期，就要懂得完美下台及慧眼識英雄，如此才能創造事業的另一波高峰。

秋末的太陽（民國３５年、民國９５年出生者）：他們會濟弱扶傾，但因為太陽在秋末之際，照射在地球的能量更顯下滑，有時會自己畫大餅，看不清真相，無法真切地看清自己與別人。

• 冬季之日（民國２５年、民國８５年出生者）：冬季的太陽，並不會停止運行，這個時節出生的丙火之人，對周遭環境事物比較會選擇「冷眼旁觀」，散發一種「事不關己」的心態，但其實他們是心軟且耳根子輕的。

【靜心時間】

如果你是神，神會怎麼做？

你能耐得住沒有人在身邊的寂寞嗎？

能面對繁華喧鬧過後的失落嗎？

進入孤獨，才能讓自己更接近自己的靈魂深處。

【第四節】 成功的第四把鑰匙：
丁年生者【密碼6】

「丁」，以民國紀年，農曆出生年分尾數為6的人，其天干就是丁，例如：民國16年、民國26年………等出生的人，男女皆同。稱為【密碼6】。

> 萬物壯實怯嬌柔
> 甘如明月映萬躊
> 暗夜稀光引領照
> 大常智慧渡孤舟（李太白粉）

◎丁年生者：心性沉穩聚能流，內外齊修不用求。

古今知名人士如：歐陽修、蘇貞昌、吳敦義、希拉蕊、愛迪生、徐重仁、劉詩詩、安室奈美惠、 黑人（陳建州）等。

丁　萬物壯實

丙火【密碼5】和丁火【密碼6】都屬於自然界的火元素，對應的是「禮」，丙火的能量是發光體太陽的能量，主要焦點在於太陽的光能。丁火【密碼6】則像是反射太陽光的月亮、燭火、地熱，主要焦點在於熱能。

丙火和丁火兩者都具有火向上沿的特性，不同的是，丙火呈現剛性能量，丁火則是呈現柔性能量。

大自然很有趣，陰陽搭配共舞出和諧的舞蹈，表現在人類社會中，丙火之人與丁火之人便是以剛柔不同的方式溫暖地球人的。

◎丁火之人 子子孫孫有保佑、世世代代傳香火

人類來自於大自然，遠古人類在自然中尋求各項資源，被雷擊所引發的森林大火，火勢猛烈，遠古人類無計可施，只能靜待火熄，火災過後，煙霧迷漫的森林裡，被大火燒熟的野獸，讓人類初嘗熟食滋味。

燧人氏的鑽木取火，讓人類告別茹毛飲血的歲月，於是文明開始大躍進。世界各地的神話故事，無不尊崇著「火」的偉大，中亞的祆教 (又稱拜火教)，他們認為阿胡拉、瑪茲達最早創造的兒子就是「火」，帶著「正義之眼」，象徵神的至善面。在伊朗利用天然氣修建的神廟，在四個角落安放日夜燃燒的火炬，底下以管道連接著天然氣井，平常要點燃及保存神火，必須遵循一套繁複的儀式。

東方的「祝融之神」為了將天界的火種帶到人間，引發了與共工之間的水火大戰。還有希臘神話中的普羅米修斯，因不忍天下蒼生受苦，從宙斯身旁偷了火種，為此付出慘痛代價，在奧林匹亞山日日忍受被鷹啃食肝臟，咬了再長，長了再咬的反覆劇痛。從神話中，我們得以窺其堂奧，火對於地球是彌足珍貴的，除此之外，火也提供了讓人類真正提升，與自然和諧共存的機會。

留意新聞媒體的報導，西方國家只要發生重大意外災難，人們為了寬慰受難者及家屬，總是習慣擺放蠟燭祈禱，這與中國傳統習俗不謀而合。在農曆七月中元普渡，在自家門口或廟口豎起燈篙，想要為渺茫的孤魂野鬼照明引路，讓他們可以前來接受普渡，飽餐一頓。還有源自於印度再流傳到東南亞的放水燈，在有形與無形的時空中，以燈火引導靈

魂的概念無所不在，說明火對人類的重要。

猶太諺語：「上帝無法至每個角落照顧每個人，所以創造了母親。」丁火之人正如被上帝派駐到人間的希望火炬，上帝知道人類來到地球學習，將會遇見許多艱難挑戰，於是安排了丁火之人來到人間，讓他們成為芸芸眾生的燈塔，當人們徘徊於十字路口或是迷航時，他們可以幫助人類找到心靈原鄉的歸途。

不知你可曾探訪過天主教堂？你可以虔敬禮拜，燃起一柱馨香，或是點起蠟燭，誠心祝願。抑或像佛教徒在佛前供燈，祈求內心或人生光明。在「大圓滿教法」中提到，點燈可以讓內心如燈火般，清淨明亮、廣大無邊、得到真正的智慧。在現實生活中，點燈則可以使身體健康、容貌莊嚴、目光如炬、受人喜愛、不受人欺、心想願成、財富俱足。就像羅大佑<鹿港小鎮>一歌所說：「子子孫孫有保佑，世世代代傳香火。」

丁火之人點起蠟燭或是線香之時，能否看見自己心燈的搖曳冉動？成為丁火之人是對自己及對這個世界的許諾，想要對這紅塵俗世做出偉大的奉獻。有空為自己點起一根香氛蠟燭吧！讓輕柔樂音流瀉，沒有預設立場地在黑暗中凝望燭火，除了具有紓壓效果，在燭光的閃爍中，您將會與最深層的自己不期而遇。

◎丁火之人 鴨子滑水、默默向上、恬恬吃三碗公半

中秋節烤肉時，在家族歡聚之餘，你是否曾經留心觀察炭火？烤肉前要生火，若是技巧不純熟，往往要耗去不少時間，無論是鑽木取火，或是利用火種生火，想要讓火勢變大，不是瞬間就能完成，需要一段「醞釀過程」。

丁火之人單從外表來看，會讓身邊的人覺得他們行事低調、悶不吭

聲、個性壓抑，因此容易遭受外人誤會，以為他們太過溫吞，看來平庸、行事不夠積極，但真相並非如此。他們就像鴨子滑水一樣，上半身看起來沒有動靜，水面下的腳卻沒有停止過。

丁火之人內在本就俱足「努力向上」的特質，燭火只會往上，他們的內在蘊藏著一顆溫熱向上竄的心，身為他們的父母朋友或同學，請好好珍惜並鼓勵他們，柔言愛語會替他們加溫，無形中產生助燃的效應，幫助他們發揮隱藏的潛力。

當他們的內心之火升起之後，只要適度的添柴加油料，為他們加油喝采，受挫時拍拍他們的背，他們就可以源源不絕地燃燒下去。

◎丁火之人 外冷內熱的思考者

以天上明月來比喻丁火之人，月亮初一、十五形狀不同，丙火之人如太陽，形狀不變，丁火之人則較具有多變性。丙火之人若比喻為君王，丁火之人就像是君王身旁的輔佐大臣，是統理一切的大總管，類似軍師諸葛孔明。

無論是燭火或爐灶之火，都是緩緩燃燒，對應於丁火之人，他們通常溫和、喜怒不形於色、老謀深算、不疾不徐，表現出沉穩的一面。面對詭譎多變的局勢，更需要這種外冷內熱的思考者，內在很熾熱，外表卻讓人看不出來。

空城計上演之時，孔明焚香操琴、智勇退敵，泰山崩於前而色不改，丁火之人面對三教九流等性格各異的人，亦能沉著面對。

◎丁火之人 燃燒自己照亮別人
##　　　　　需留意口舌、金錢及情感問題

正如緩緩燃燒的燭火，或天際皎潔的明月，丁火之人具有陰柔、善良、心思細膩的特質，但相對來說，他們的猜忌心也比較重。試想燭火及月光，若是遇到水來澆熄或是雲朵來遮掩，燭火就會熄滅，月光則會消失，因此丁火之人能嗅聞到這樣的潛藏危機，具有戰戰兢兢、瞻前顧後的心態。

對火而言，如果沒有注意水的問題，一不小心就會被水滅掉，水又代表著金錢、感情、言語表達，所以丁火之人在生命過程中，比較容易遇上口舌、金錢及情感困擾，切記要多在這個區塊用心處理。

丁火之人不像丙火之人，太陽會自己發光，而丁火之人如燭光或明月，不論是倚賴添加油料產生光或是反射太陽光，亮度都有限，會造成照射死角，無法普照大地。因此丁火之人看的層面不夠深遠，做事無法面面俱到，有時也會缺乏持續力。

因為他們內心隱藏著擔憂，深恐遇到一些負面的人事物，若不慎重處理，能量會被燃燒殆盡，因此在行住坐臥、舉手投足間會流露出猜忌、懷疑、恐懼。

◎丁火之人 雪中送炭、樂於付出、要懂得心甘情願

寒冷冬季裡，一碗熱湯捧在手上，細細品嘗，熱在嘴裡、也暖在心裡。北地冬日，暖氣設備驅除嚴寒，讓高緯度國家的人們，在大地一片冰凍之際，還能在室內溫暖地生活著。冬天大家穿上手套、厚外套、毛帽、毛衣，無非都是為了保暖，讓身體能維持生存所需的溫度。

石元結實醫師寫了一本書〈溫度決定生老病死：不生病的智慧〉，說明溫度對人體的重要性。就如同攀登聖母峰，遇到極地氣候挑戰的登山探險家，若發生失溫或嚴重凍傷現象，除了可能需要截肢之外，甚至

還會危及到生命安全，因此適宜的溫度維繫著個人的生命及民族命脈。

　　丁火之人在他們所處的環境中，他們樂於付出，散發著他們的溫暖本質，因為燭火能夠照亮的範圍有限，丁火之人選擇照顧的就是自己人，例如：住在同一屋簷下的家人、或自己的工作團隊。一旦被他們認同為自己人，就會感受到他們的溫暖照顧。宛若冬日行經樹林，附近民家為凍僵了的過路旅人，燒起旺盛爐火，一霎時就能驅走寒意。彷彿從骨髓裡整個溫暖起來的感受，便是丁火之人要送給這世界的禮物。

　　當你成為丁火之人的親朋好友，在遇到困境時，可以得到他們的溫暖撫慰，並且可以從他們的言語行動間，得到一種安定力量，感受到「雪中送炭」的溫暖。他們是這個社會的「暖男」與「暖女」，就像偶像劇裡的「大仁哥」，為真愛癡心守候。在他們的世界裡，默默守候心愛的人，靠的不是甜言蜜語或是短暫的熱情，而是真切的具體行動。

　　丁火之人拙於言詞表達，願意為心愛的人掏心掏肺，呵護備至。但是因為缺乏言語溝通，又加上他們會壓抑內在情緒，付出越多，反而遭受更多的誤解，常常要面臨「一副心肝挖給對方吃，還被嫌腥臭」的窘境。如果你的父母、枕邊人或師長是丁火之人，在能力所及之下，他們通常願意傾盡所有，為所愛的人付出一切。而生活中受他們照顧過度的人，常身在福中不知福，對於丁火之人的掌控慾多所抱怨，沒有好好珍惜，這是身為丁火之人的子女、伴侶或學生常有的情形。於是丁火之人常要面對許多親密關係的心碎，偏偏又無法對外人言說。

　　彭佳慧有首歌曲『甘願』：「你的愛就像星辰，偶爾很亮、偶爾很暗。我不盼炫麗的燦爛，只求微光能擋風寒。是甘願也就不怕難，不甘願早就放聲哭喊，是甘願所以能美滿，不甘願才會說傷感，我愛你，心就特別軟，平淡也浪漫，無語也溫暖」，這首歌真是道盡丁火之人的心情，

對他們而言，唯有心甘情願、無私付出，才能「守得雲開見月明」。直到身邊人或許跌跌撞撞繞了一大圈，才猛然驚覺「眾裡尋他千百度，驀然回首，那人卻在燈火闌珊處」，而深刻了解丁火之人的真心。

若能了解丁火之人的內在本質，將他們的真心捧在你的手心，好好加以珍惜、回饋，你將會成為最幸福的人。如果你也渴望得到丁火之人的貼心照顧，記得要先成為他們陣營的人。

◎丁火之人 犧牲自己、照亮別人，鞠躬盡瘁、死而後已

因為拙於表達自己內在的強烈情感，丁火之人選擇以陪伴或直接採取行動的方式，去幫助他們在乎的親朋好友，對於自己所關心的事物，他們也會義無反顧地去做。即使有時朋友的要求，會讓丁火之人左右為難，但他們常因為不知道如何開口拒絕，而淌了一身渾水，把自己搞得灰頭土臉。

對丁火之人而言，對朋友推心置腹地付出，就像是「蠟炬成灰淚始乾」，如蠟燭般燃燒殆盡方休止，又像是諸葛孔明的「鞠躬盡瘁，死而後已」，全心全意地為朋友犧牲奉獻。

◎丁火之人 看似悶燒，卻戰鬥力驚人

你是否在日常生活中使用過悶燒鍋（罐）？只要上午出門前，事先將材料準備好，放入悶燒鍋（罐）中。寒冬中，在辦公室吃午餐，也能奢侈地嘗到熱騰騰的飯菜，讓人覺得幸福。

丁火之人就像悶燒鍋（罐）一樣，他們看起來外貌溫溫吞吞，似乎什麼都不著急，其實卻很聰明，早就暗地裡把事情規劃完善，別人還以

為他們按兵不動、被動消極，最後他們卻能在眾人面前展現美好的成果，彷彿變魔術般，令人驚嘆。

　　燭火能量是一點一滴，不斷累積而來的，因此丁火之人思慮周詳、心思縝密、做事謹慎、很少衝動行事，只要設定好目標，並訂出計畫，大致上他們都能達成目標，別忘了他們像燭火一樣，火性向上，他們也有著努力向上的能量。

◎丁火之人　不喜歡輸的感覺，內心好強卻有融通性

　　丁火之人外在雖然溫文儒雅，但內心卻非常好強，能力優異的他們，內心常常有個小對白：「我不甲意輸的感覺」，雖然和丙火之人同樣都是屬於火，但他們較為陰柔圓融，處事冷靜，不會成為暴走族，他們會適時踩住煞車，不會讓自己的衝動淪為老鼠屎，而無端破壞了苦心擘畫烹煮的一鍋粥。

　　丁火也可以對應為太陽日照的「輻射能」，輻射熱能雖然看不見，但熱能還是存在，太強烈會使人曬傷，所以丁火之人有時會給下屬帶來無形的壓力，擔任丁火之人的下屬，有時為了達成丁火主管所設定的目標，不知不覺中會有受傷的感覺，有種說不出來的鬱卒。

　　丁火之人【密碼6】與丙火之人【密碼5】還有個很大的差異，「太陽底下沒有新鮮事」，丙火之人看見身邊的人犯錯，會直接加以糾正，這並非惡意，而是本性使然。丁火之人比較能容許人們在他的眼前犯錯，就像母親在子女犯錯時，比較會選擇溫柔、包容、原諒的處理方式，丁火之人還要留意自己有護短的盲點，對自己在乎的人有溺愛現象。

◎丁火之人　星星之火、可以燎原，是幕後籌畫高手

　　人類因為火的出現，催生了其他工藝的發展，原始部落為了煮食，開始用陶土做成鍋具，接著是金屬日用品，逐步演進到以火驅趕野獸、保障安全，乃至夜間圍著火堆、載歌載舞、慶祝豐收的慶典，火促進了文明與創意的發展。

　　「星星之火，足以燎原」，丁火之人擅長幕後籌畫，也擅長於督促進度，短時期內催生事物的能力很強，若是專案時間緊迫，只要有他們在，通常可以快速達成使命。

　　此外，只要牽涉到行銷與策劃，他們通常能提出不錯的想法，幫助公司或團體達成目標，愛迪生就是鮮明的丁火之人。丁火之人執行力強，打拼事業時，他們的長官上司，可以善用激將法做為殺手鐧激發他們，這會產生明顯的效果。

　　丙火之人是丁火之人的重要貴人，找到火的源頭，與高層心靈接軌。

　　天上月亮的光芒，來自反射太陽光，其實也只有百分之七能夠到達地球，雖然如此，卻依然照亮地球的黑夜。對應到丁火之人的行為模式，他們熱心，但有時會不自量力。如果想要避免失敗，必須要懂得潛藏，丁火雖有熱能，依然需要太陽提供能量，我們就以下面兩個層面來說明：

　　(一) 現實生活層面：我們知道丙火對應天上的太陽，丁火與丙火一陰一陽都屬於火元素家族，自然是「哥倆好一對寶」。丙火之人是丁火之人的重要貴人，丁火之人在事業或是生活中，想要運勢興旺，千萬別遲疑，就是要找丙火之人協助，中國古語「日月合璧」，正是國家前途光明的吉兆。

　　例如：柯林頓總統是丙火之人，他多次公開讚揚自己的妻子希拉蕊（丁火之人），希拉蕊始終是柯林頓背後的操盤手，現在更成為第一對陸續角逐美國總統寶座的夫妻，屬於丁火之人的希拉蕊從屬於丙火之人

的丈夫身上，接收了源源不絕的政治與人脈資源。

　　但這是特例嗎？這樣的組合在很多地方都可以找到案例，例如：曾經在西元 2008 年參選總統的謝長廷（丙火之人）搭檔的副總統人選便是蘇貞昌（丁火之人），還有西元 2012 年總統選舉，蔡英文主席（丙火之人）挑選了蘇貞昌（丁火之人）做為搭檔，雖然以敗選收場，但在當時依然是互相拉抬聲勢的最佳拍檔。

　　再舉個例子說明，黑人陳建州（丁火之人）自從與范瑋琪（丙火之人）相戀結婚後，時常在網路或媒體分享妻子可愛的生活動態，日積月累之下，黑人因為愛妻形象，反而得到更多媒體及粉絲的關注，兩人生了一對雙胞胎後，黑人更懂得善用媒體，儼然已成為妻子演藝事業幕後的專業操盤手。

　　(二) 在靈性層面：丁火之人要懂得謙卑、感恩，才能與神連結。把自己當成付出的管道，透過不斷地付出，將會產生熱對流效應，同時啟動了自己更大的執行力。丁火之人要懂得潛藏、保留實力、以退為進，不要一心想要跟神搶位置，月亮終究無法同太陽爭輝，懂得臣服於神，就能從靈性層面直接補充能量。

　　此外，丁火之人想要打贏人生真正的勝仗，必須要先懂得「輸」的藝術。「知己有限，方能晉身無限」，如果無法先認輸，凡事只想爭到贏，就會陷入強取豪奪的惡性循環之中。

◎丁火之人 如浴火鳳凰 轉化重生

　　丁火之人如美麗的鳳凰，每五百年，鳳凰背負著人世間所有的痛苦與恩怨情仇，投身於烈焰中自焚，以生命與美麗的終結，換取人世的祥和與幸福。

丁火之人是天上掉落人間的引路人，帶著無比的勇氣與愛來到人間，因為無比的勇氣，他們選擇最艱難的考驗。在人生短短數十寒暑中，他們經驗到人世間的愛、恨、情、仇，感情從相知相守到分離背叛，並遭遇關係對立撕裂、事業崩解、金錢困窘、口舌是非不斷，種種痛苦緊緊跟隨。他們想吶喊、發洩，卻如鯁在喉，無法對人訴說內心的怨懟，壓抑了一肚子火，「心碎起點」只會抵達「心痛終點」。

直到某天，他們下定決心要跳出生命的枷鎖，改寫人生劇本，他們開始找回自己，在火中灼燒轉化。丁火之人在經驗種種幻滅及痛苦之後，才能如浴火鳳凰，轉化重生。

他們不懼痛苦、勇往直前、縱身一躍，靈性不斷揚升。重生的丁火之人，發現了「離苦得樂」的方法與途徑，憶起了最初投生地球的承諾，在世界的每個角落，為依然在痛苦中掙扎的人們，點起一盞盞的明燈，照亮他們的人生！

◎四季之中的丁火之人

・春季之火（民國16年、民國76年出生者）：春天的熱能溫度適中，生於春季的丁火之人愛競爭、不服輸、廣學多聞、交友廣緯，知道如何投人所好，要牢記：凡事需要腳踏實地，時時檢視並修正自身行為，才能避免惹上是非。

・夏季之火（民國6年、民國56年、民國66年出生者）：民國6年及民國66年出生者，屬於夏初之火，還在不斷吸收熱能中，學習能力強，積極熱情，能得貴人提攜。

夏末之火（民國56年出生者），具領導能力，探求事物喜歡追根究底，不喜被約束，崇尚自由，樂於與人分享，也喜歡品嚐美食，如果

能無私地付出越多，自身得到的福分也就越多。

　　・秋季之火（民國４６年、民國１０６年出生者）：秋天熱能開始減弱，外在環境開始變暗，出生於秋季的丁火之人，對事情容易誤判，熱能雖然趨弱，他們仍願意主動地照顧身邊的人，若能看淡名利，更能享受生活的樂趣。

　　・冬季之火（民國２６年、民國３６年、民國８６年、民國９６年出生者）：冬天大地將進入冬眠，冬季火的熱能降到最低。但出生於冬季的丁火之人，越是環境惡劣，越有燃燒自己、照亮別人的胸懷，宛如地藏王菩薩「地獄不空，誓不成佛」，在幽冥地府救渡苦難的眾生。冬天熱能較弱，所以出生於冬季的丁火之人常會覺得心有餘而力不足，但冬日之火，雪中送炭，為寒冷的冬天帶來溫暖，帶給人的感動也最深。

 ## 【靜心時間】

　　做你自己，接納你所是的樣子。

　　只有知道自己為何而活的人，才能承受所有生存的問題，

　　火若沒有東西讓它去攀附，則這個火是不存在的。

　　那你所要【依附】的東西是什麼呢？

　　人生最美麗的價值何在？

　　就是了解自己所能，平衡自己所需，這就是人生最美麗的價值。

【第五節】 成功的第五把鑰匙：
戊年生者【密碼7】

「戊」，以民國紀年，農曆出生年分尾數為7的人，其天干就是戊，例如：民國１７年、民國２７年………等出生的人，男女皆同，稱為密碼【7】。

山峰相連傲群雄

鐘鼎山林誰爭峰

內蘊萬頃亙古矗

莫讓途人尋芳蹤（李太白粉）

◎戊年生者：廣結善緣和樂多，積善人家快樂窩。

古今知名人士如：切格瓦拉、馬丁路德金恩博士、曼德拉總統、李嘉誠、王雪紅、許文龍、黎智英、徐熙娣、吳火獅、楊致遠（奇摩創辦者）、曾雅妮、方文山等。

戊 山峰相連

◎戊土之人 類化為高山之土，屬於陽性
　　　　　代表思想與誠信之意

亞洲鉅富李嘉誠經營長江塑膠廠時，曾經發生無法按時繳交原料貨款，原料商除了宣稱要停止供應原料，另外使出殺手鐧，表明要廣為宣

說他耍賴貨款的醜聞，銀行得知長江廠的狀況，跟著催款，李嘉誠忙得焦頭爛額，面臨嚴重的誠信危機。

見到李嘉誠沮喪煩憂，母親於是跟他說了個故事：在潮州城外有座古寺，住持元寂和尚，因年老而想找接班人，就召來弟子一寂、二寂，交兩袋穀物種子給他們，要求他們去耕種，等到收成之後再回來，屆時看誰收穫較豐富，就可以接下住持重責，秋天到了，一寂挑來沉甸甸而滿滿的穀子，二寂卻是空手而來。元寂和尚當眾宣告二寂成為新任住持，一寂聽此結果，憤恨不平，元寂面露微笑，回應眾人：「我給他們兩位的穀子，已事先用滾水煮熟，所以二寂是誠實的，自當由他傳承衣缽。」

母親最後又補上一句：「經商無異於做人，誠信為先、無危不克。」

◎戊土之人　為地球大寶庫、是人中之寶

《尚書大傳》云：「山……出雲風以通乎天地之間，陰陽合會，雨之澤，萬物以成，百姓以饗。」

山蘊含神祕珍貴資源，樹木可砍下做成棟樑之材、野獸可捕獵成為桌上珍饈、茂盛植物可摘取成為救命草藥，由此可見，戊土活脫脫是地球大寶庫。現實生活中的戊土之人，就是一個可以讓身邊人獲取很多資源的寶庫，只是他們深藏不露，願意前來尋寶的人，才有帶走寶物的機緣。

◎戊土之人　性格較強勢、睥睨一切

喜馬拉雅山的聖母峰巍然聳立，多年以來，吸引了世界無數的探險家前往挑戰冒險，他們帶著豪情壯志，歷經危險艱辛，只盼能一親芳澤。

對於多數人而言，像這樣高聳的世界屋脊，總讓人有崇高、難以征服、神聖不可褻瀆之感。

有些高山其山勢峭拔，猶如擎天大柱，撐起天地，古人口耳相傳，山上有各種神靈居住其間，〈抱朴子・登涉〉云：「山無大小，皆有神靈。山大則神大，山小則神小也。」對應到戊土之人身上，他們會散發出一種尊貴氣質，與人之間存在著距離感，使人不由得敬畏，又隱約流露出神祕感，讓人想加以探索。

戊土之人如同崇山峻嶺，高聳矗立，所以「傲氣、自負」是他們的本質。有時候，身邊的人會認為戊土之人態度傲慢，睥睨一切，一副瞧不起人的模樣。因為高山硬梆梆，所以戊土之人對於別人感受也比較無感。

不妨觀察節目主持人小S或是宏達電的王雪紅，她們都是戊土之人，在媒體面前說話的神情，一副高高在上的女王模樣。這其實不是鄙視別人，而是展現其高山的本質，所以也別責怪他們作風強勢，因為換個角度想，如果高山低頭了，造成山崩地裂反而是災難。

想像你所接觸的戊土之人是維多利亞女王，就能知道你與他們之間的互動模式。

◎戊土之人 可以保護及規範世界，讓世界穩固

這世界需要十個天干和諧共生，每個天干都代表不可或缺的元素。《古蘭經》云：「我在大地上創造了群山，以免大地動盪而他們不安。」（眾先知章·第31節）這段好幾個世紀前的記載，在現代地質學中才加以證實。山具有整復、穩固功能，由巨大板塊所形成的地殼，彼此之間會移動與碰撞。上層板塊因擠壓形成山，下層板塊則往下延伸，因此山的範圍除了地面上的群山，也有地下延伸部分。

根據地殼均衡學說，山的板塊緊抓著地殼，在板塊交接點，再往上和往下擴展，像個卡榫，使地殼穩固。艾里(Airy)的「山根假說」說明：地面上的山愈高大，其延伸到地殼底部的部分就越深，就像是高大的樹，根也紮得比較深。同樣的，在這娑婆世界，戊土之人可讓我們生活安穩，在家庭、社會中戊土之人「穩若磐石」，忠實扮演他們的角色，生活中有了戊土之人的協助，像是如虎添翼，有了最佳靠山。

即使岩層特質或是地質構造不同，但高山巍峨高聳，依然具有危險性，登山客仍要謹慎小心，因此戊土之人要知所進退，不可以恣意妄為，遇到瓶頸，就要懂得修正。戊土之人同時也代表著務實，天馬行空的做事態度，並非他們的特質。身邊眾人若想要入山尋寶，要先取得入山證，並仔細規畫好登山計畫書，才能入寶山一窺究竟。

◎戊土之人 具硬頸精神、個性厚重沉穩、看不見內在暗影

戊土之人先天個性沉穩，正似客家人的「硬頸精神」，在客家文化傳承中，客家人具備有「刻苦耐勞、勤勞奮勉、不屈不撓、勇敢承擔」等特質，這些特質在戊土之人身上也可看見。

　　高山質地堅硬，對應到戊土之人，就可以知道他們個性固執，不易妥協的個性。身為他們的枕邊人、摯友、夥伴及下屬，要了解他們的特質。雙方觀點歧異時，不要選擇「硬碰硬」、「以卵擊石」，造成衝突，要懂得急踩煞車。選擇拿石頭砸自己的腳，痛的不也是自己嗎？

　　當你欣賞遠山時，是否發現山雖然姿態各異，有的巍然矗立，有的怪石嶙峋，有的秀麗壯觀，但都是有稜有角。對應到戊土之人的行為模式上，他們有著各自的「眉角」，閩南語所說的「較厚筋」，這是與他們相處要特別注意的地方。

　　想像你要進行攀岩活動，除了要有健壯的肌肉，更要有熟練的技巧。手抓繩梯、腳踩上升器、用岩楔做固定點，想要攀岩成功，只能配合著山勢起伏，如果你堅持隨意踩踏，就只能一命嗚呼。

　　因此與戊土之人互動時，他就像是發球的投手，你必須觀察他投球路徑，靜待好球出現，把握機會，再成功擊出安打或全壘打。若是亂槍打鳥式地揮棒，被戊土之人三振出局是再正常不過的事了！

　　走入深山之內，晴空之下，俯瞰群山，會發現山的向陽面是明亮的，背陽面卻是晦暗的。因為太陽光只能照射到其中一面，所以外人眼中的

戊土之人，他們只會展露堅忍、風光的一面，至於陰暗面則是戊土之人視線的盲點，他們自己本身無法看見，因此無法接受自己的陰暗面。

外人往往覺得戊土之人外在表現與內在想法落差很大，很疑惑到底哪個部分才是真正的他們？事實上這些正面與負面都是他們，或許可以換個角度去聆聽他們的言語，當他們神情看來落寞，嘴巴卻說自己過得很好時，做為他們的親朋好友要知道他們口是心非，其實他們過得並不好，要給予他們協助。

電視劇後宮甄嬛傳中的皇后，必須統理並周旋於三宮六院七十二嬪妃之間，如此工於心計、深藏不露的厲害角色，捨去戊土之人又有其誰？

◎戊土之人 儲存了巨大的恐懼思想

除了大白天之外，夜晚無邊漆黑籠罩著高山，伸手不見五指，但並非萬籟俱寂，耳際傳來窸窸窣窣聲音，最是讓人擔憂恐懼。此外，山中還有未知的地洞、伏流及豺狼虎豹、精靈鬼魅，令人心生恐懼。

因此連戊土之人都無法解釋為何自己有莫名的恐懼，影響所及，他們會比較淺眠，難以真正放鬆、沉沉睡去，也比較容易有頭暈、失眠的問題。

◎戊土之人 注意口舌、人際是非糾紛、金錢困擾

高山是上天送給地球的禮物，戊土之人是天塌下來時，可以讓我們倚靠的支柱，就像是創世紀神話中，共工怒撞不周山後，天柱折、地維缺，女媧娘娘只好煉石補天、重立四極，神話揭露了安身立命、趨吉避凶之道。既然戊土之人是支柱，他們的穩定性影響著周遭世界，戊土之

人動怒了，家庭與事業就會如同遭遇大地震，地動山搖，造成重大傷亡。

中國文字的「戊」字，代表著高山，欣賞甲骨文字，感受文字的原始力量，「戊」字向外勾起，其勢博大渾雄、頗見壯志豪情，但莫忘記「金戈鐵馬」、「大動干戈」，與戰事有關。例如參加左翼運動的切格瓦拉、或是曾獲諾貝爾和平獎得主馬丁路德、金恩博士及曼德拉前南非總統，高山也代表堆積的思想，為了種族平等的崇高理想而奔波，前兩位甚至因而犧牲了生命，曼德拉總統也被關在監牢二十多年，犧牲了他們個人的愛情與親情。

【密碼7】同時也暗喻著「山崩地裂」、「自挖牆腳」、「自亂陣腳」，在家裡可能發生「同室操戈」、「兄弟鬩牆」，事業上則可能是「征戰殺伐」。

戊土之人常為了衝突紛擾而費神，這正提醒著戊土之人「家和萬事興，家吵萬事窮」，如果家庭關係失去了和樂，就算贏得了全世界，那又如何？

◎戊土之人 須留意言語信實、下承諾前務必三思而後行

出生於不同的天干，奏出了不同的生命主調，戊土之人的生命主調落在「信」，因此這一生必須重視信用問題。戊土之人如果越誠信，運勢就會越強，千萬不要輕易下承諾，必須經過深思熟慮之後，才能許下承諾。

戊土之人若是信用出了問題，就像山的根基動搖，便會有災難降臨。像是戊土之人的王雪紅女士，被財經媒體批評，已經事先知道宏達電第二季面臨重大虧損，卻沒有在股東會上說明，於是西元 2015 年股價大為下跌。

還有小S歷經了「胖達人事件」，當時也是被質疑代言商品的誠信問題，幸好她能立刻向消費大眾道歉，戊土之人只要牽涉到誠信問題，很容易引發事業危機，對於誠信必須念茲在茲。

　　戊土之人處在運勢不好的階段，要先自省，檢視自己是否曾經做事違反誠信？或講話缺乏誠信？

　　山體型龐大，頂天立地，但只要一處崩落，容易產生連動效應，造成山崩地裂。因此戊土之人要留意誠信問題，若不謹慎的話，有可能被牽累而難以善後，扛起一座山，脊樑焉能不彎折？還是要回到根源，以誠信為本。

　　高山有雨水滋潤，空氣清新，也利於草木生長及動物棲息。山與水之間，一直玩著平衡桿遊戲，增一分則太過，減一分又不足。水分代表著「智慧、情感、金錢、言語」，月世界屬於惡地地形，因為土質缺乏養分及水分，草木不生，光禿禿表層，訴盡多少孤寂與淒涼。

　　戊土之人需要處理水分問題，對於金錢與情感的現況要懂得省思。山如果水分過多，水土就無法保持平衡，而造成土石流。

　　同樣的，戊土之人如果過於貪求金錢、情感，會讓自己及別人面臨

生命的艱難處境。除此之外，也會影響到身體狀況，水分與腎臟有關，腎又主骨，會產生骨骼、筋骨痠痛、腰椎問題，連鎖反應也會損及肝臟。

　　因此當戊土之人身體出現上述問題，也可以思考一番，是否在情感、金錢、言語上有誠信或貪求的問題？

◎戊土之人　臨懸崖時需勒馬、切忌衝動

　　只要登山，就不能忽略懸崖絕壁的危險，戊土之人思想較為固執，與人發生衝突時，可能會像是被逼到懸崖邊，過於衝動而失去理智縱身一躍，造成玉石俱焚的生命大悲劇。在被激化的情緒中，嘴巴也會口不擇言，對自己與他人下了重大詛咒。

　　戊土之人【密碼7】還要處理內在「恨意」的問題。「恨」是心中住了一座高山，此恨綿綿無絕期，自己久久難以釋懷，別人也攀不過山頭來。

　　戊土之人若能學習寬恕，將有助於轉化關係。曼德拉說：「走出牢籠、要穿越通往自由的大門時，當下我已了然於心，若不能將悲痛與怨恨拋諸腦後，那麼此後仍住在獄中。」在他的總統就職大典上，邀請了三位監獄人員出席，某位典獄長更曾嚴重虐待毆打他，但曼德拉選擇以德報怨，讓典獄長對昔日錯誤真心懺悔，因為懂得寬恕，那麼所有的痛苦禁

錮才能完全從自己的記憶中消融。

因此當戊土之人與他人有重大歧見，發現自己情緒失控時，自己或旁人要想辦法讓他們「懸崖勒馬」，協助他們想起「留得青山在，不怕沒柴燒」的道理，而不至於因衝動傷人傷己。

山的陰陽面同時存在，其實也告訴我們「萬物負陰抱陽、沖氣以為和」。戊土之人面對爭端時，一定要牢記「慢慢來、快快到」，「匆忙的人先抵達墳墓」，先靜下心來，不要衝動行事。

◎戊土之人 要注重人和、廣結善緣、以誠信待人

戊土之人無論男女，體型若壯碩，相對地，運勢大多較為順利與穩定，也較有福氣，因符合高山本質的緣故。高山雄壯威武，氣勢越壯大，代表此人能力也越強。

當戊土之人承受壓力、挫折，物質生活不穩定時，就會因缺乏安全感而斤斤計較。他們想要有成就，最好能培養專業技能，藉由專業展現才能。

群山層巒疊翠，峰峰相連到天邊，形成壯麗美景，吸引了許多遊客前來探訪。同樣的，戊土之人唯有人際關係和諧，建立穩固廣大的人脈系統，才能成就事業。如果是孤單山頭，就像是風水學中的「孤峰煞」，一樓獨高、人孤傲，風吹頭、子孫仇，前無依、後無靠，則會高處不勝寒，無法言喻的恐慌如影隨形。

戊土之人在事業上一定要有夥伴協助才能擴展壯大，單打獨鬥對他們而言是很辛苦的，要學習廣納英雄好漢、拓展自己聲勢，「泰山不辭土壤，故能成其高 」，戊土之人若能視野廣闊、心胸寬大，將會有耀眼的成就。

◎山不過來我就過去，主動接近戊土之人

聖山等待子民朝拜，因此散發貴氣的戊土之人，在人際關係方面，比較缺乏主動性，回教先知穆罕默德，帶著四位門徒在山谷講道，他說：「信心可以成就任何事物，人若有信心，沒有不能成功的計劃」，門徒問：「你若有信心，能讓那座山過來，而我就能站在山頂嗎？」

穆罕默德於是信心滿滿地點點頭，對山大喊：「山啊，你過來！」空谷響起回聲，不久回聲消失，大家專注望著山，於是穆罕默德說：「山不過來，我們過去吧！」於是他們開始努力爬山，終於爬到山頂，因著信心使希望實現，眾人因此雀躍不已。

當你的身邊出現了故步自封的戊土之人，遲遲無法融入團體中，就像穆罕默德所說：「山不過來，我們過去吧！」，由你先釋放出善意吧！

對他們先伸出友誼的手，以尊重、等待、耐心對待他們，你會得到難以預期的大收穫。

◎以迂迴蜿蜒路徑打開戊土之人的心門

每座山在不同時期有不同風貌，冬季的合歡山與盛夏的合歡山，展現山不同的美姿，就像登聖母峰想要避免雪崩山難，世界各地好手會選擇夏季攻頂。

山的情感是細膩的，走的是小眾品味，甚至帶點「曲高和寡」的味道。只有絕對尊重，才能夠取得戊土之人的信賴，讓他們卸下防備。如果你選擇「橫材拿入灶」，對戊土之人硬碰硬，很抱歉，飛機撞山的慘烈景象，真的不好玩；如果你想學孫悟空大鬧天宮，以天不怕、地不怕

的架式來對待戊土之人，別忘了，孫悟空可是被壓在五指山下五百年，那也只是自討苦吃。

「路是人走出來的」，置身山區，需要毅力才能走出蜿蜒的山路。阿里山的高山鐵路，就很適合拿來比喻與戊土之人的相處之道，這條高山鐵路，用「螺旋式」及「之字形」方式上山，火車在「碰壁」後，列車長跳下車去扳轉轉轍器，火車於是快速倒退行駛十分鐘，然後突然又停了下來，往另一坡道向前開去，如果你想參訪戊土之人的大山寶庫，請學習高山鐵路的精神，溫柔、曲折、纏繞，用你的手懷抱戊土之人，讓他們的盔甲慢慢鬆脫，如此，你除了可拿到入山證，也得以「入寶山，不再空手而歸」。當你給戊土之人足夠的安全感，他們便會回饋你如山深厚的款款深情。

◎戊土之人 必須淨化思想、開發自己的生命礦脈

山的外表看來堅硬，難以隨意破壞或毀損，因此戊土之人較堅持己見，也較難以快速變通。山外表看起來穩固不動，但其實會隨著地殼逐年變化，例如：台灣的中央山脈，每年地殼隆起約 1 公分，但隆起區域也受到快速侵蝕作用影響，因隆起的高度大於快速侵蝕的高度，所以中央山脈每年約以 0.5 公分速度在向上增高。由此可見，戊土之人的思想，會隨著年齡不斷往上層層堆疊。

正如同山會遇到風化與侵蝕作用，這正明確提示著戊土之人有清理陳舊思想的必要。

現實生活中的戊土之人，因為不知道如何仿效大山釋放負面能量，而不斷累積負面經驗，隨著歲月滄桑，讓自己身心靈更緊繃，壓力不斷從底部往上積累到頭部，不自覺會有皺起眉頭的習慣。釋放過往負面記

憶或印記，進入療癒，是非常適合戊土之人的選擇。

　　默罕穆德當初在登霄石進入天堂仙境，後人於是保留當時的巨石，原址已蓋成耶路薩冷的金色圓頂清真寺，尋覓生命中「黑色祥和之心」是伊斯蘭教傳統，伊斯蘭 (Islam) 源自於 Salaam，此詞彙意義是「和諧平靜」。卡巴 (Kaaba) 教導祈禱過程，邀請人們面對黑岩，挑戰內在恐懼暗影、體會深黑之後，蘊含著平和之境。

　　就像台灣著名「黑色奇萊」，是許多菁英朝思暮想、急欲挑戰的聖山，讓無數年少賢達葬身其中、甚至屍骨無存。「聖稜線」遊走於黑與白的交界，在光明與黑暗間拔河，只有行走其上，方才照見黑與白竟無法分裂，高空俯瞰、完美合一，於是被綑綁良久的暗黑衝突死寂之心，倏忽褪去枷鎖、揚升解脫，心因釋放而寧靜、自由。

　　正如前面所說，戊土之人是地球的大寶庫，開發自身礦脈，成為他們這輩子的重大目標，多年前許多人前往台灣東部尋覓豐田玉，如果沒有掌握「礦脈」資訊，只想憑運氣盲目開挖，恐難有斬獲。想要挖掘出寶礦，無論是玉石、水晶、鑽石或黃金礦脈，必須先定位，再以鋤頭、鐵鍬等工具開挖，過程中風沙瀰漫，最後進入切割、雕琢、細磨、拋光

處理的加工後製階段，如此才能成為美侖美奐的珠寶。

所謂「玉不琢、不成器」，對戊土之人而言，生命是鍛鍊靈性的旅程，必須穿越恐懼，確認目標，漸進、溫柔地療癒內在小孩。過程中不舒適感將會不斷湧現，甚至讓人想要逃離，要去面對內在幽暗，恐懼雖只是露出冰山一角，看似永無盡頭，但作為生命鬥士，千萬要堅持下去啊！

就像珠母貝忍痛分泌液體包裹沙粒，換來晶瑩飽滿的珍珠，戊土之人作為人中之寶，又豈是浪得虛名，若能看見內在的美好，停止自我譴責，開挖內在寶藏，就會發現曖曖內含光的摩尼寶珠，不必苦苦往外追求。

◎四季之中的戊土之人

·春季之山（民國１７年、民國７７年、民國２７年、民國８７年出生者）：

春初的高山（民國８７年出生者），堅守本位、屹立不搖，充實內涵、不喜歡強出頭，要多培養自己的修為及知識，才能成就自己一片天地。

春末的高山（民國１７年、民國７７年出生者）：像是缺水的水庫，行為隨和、不加修飾，遇到問題或困難，要趕快想辦法解決，才不會因拖延而惡化。

·夏季之山（民國６７年出生者）：為活火山，守本分、講信用，懂得投人所好、專心一致、重視形象，對事物懂得包裝與修飾，會盡量維持外在美好形象，凡事需要客觀正確地觀察，才能避免失誤發生。

·秋季之山（民國５７年、民國４７年、民國１０７年出生者）：秋初的山（民國５７年出生者），做事講究速度，會訂好自己的目標，勇往直前，因為思慮較多，外人容易覺得他城府深。

秋末的山（民國４７年、民國１０７年出生者）：如金字塔般的高山，注重傳統觀念與禮數，比較自以為是，自視甚高，內在易有不滿或抱怨，要能虛心求教，才不致於剛愎自用。

‧冬季之山（民國３７年、民國９７年出生者）：內心容易有困惑的事情，心不在焉，會錯過好時機，也會有無所適從的感受，因此要不斷提升智慧，才不會因為迷信，產生不必要的阻礙。

【靜心時間】

做你自己，接納你所是的樣子。

當你接受你所是的樣子，你就創造了改變的機會。

無論你是什麼樣子、無論你內在的特性是什麼，不要去與它抗爭，不要試圖成為其他的，

接納它，好好的愛它，這就是解脫的方式。

【第六節】 成功的第六把鑰匙：
己年生者【密碼 8】

「己」，以民國紀年，農曆出生年分尾數為 8 的人，其天干就是己，例如：民國 1 8 年、民國 2 8 年……等出生的人，男女皆同。稱為【密碼 8】

> 盤古開天圓地方，
> 縱橫古今育萬邦，
> 蘊含濁清古今事，
> 井臼親操誰能當。（黃鈺豐老師）

◎己年生者： 安定平衡心無礙，萬物滋養定成敗。

古今知名人士如：林百里、柯文哲、愛因斯坦、高清愿、蔡萬才(富邦集團)、卡洛斯·斯利姆、埃盧(墨西哥的電信鉅子)、盧貝松導演、桑德伯格雪莉(fb 首席執行官)、拿破崙、希特勒等。

己　　慈悲渡眾

己土是平原之土，為大地之母，中華文化中提到「皇天后土」，后土包含了高山與平原，也就是涵蓋了戊土與己土，在天象上，做了更仔細的分類，目的是協助戊土之人與己土之人，能夠更清楚認識自己的獨特之處。希臘神話中大地女神名為「蓋婭」，從文字上解析，「蓋」字

形似器皿形狀的大地，被草編織物所覆上，「婭」是母性的能量，願意成就他人而屈居次要位置。「胸懷萬里」是己土之人讓人欽佩景仰的氣度。

◎己土之人 世界文明搖籃、成就文化盛世
有土斯有財、豐盛的代言人

在人類歷史中，土地爭奪戰反覆發生，「有土斯有財」，誰佔據到最多土地，誰就可以創造國家社稷最大財富。所向無敵的蒙古騎軍直驅歐洲，黃禍讓人聞風喪膽。大航海時代開始，哥倫布發現新大陸，引發風潮，之後世界列強更是前仆後繼，紛紛在母國之外，動腦筋擴充殖民地。二十世紀的日本，因為位於地震帶上，更加覬覦中國大陸的土地，引發了太平洋國家征戰殺伐。法國的拿破崙、德國的希特勒都是己土之人，都為了掠奪土地，發動戰爭造成死傷無數。

「炒地皮」「土財主」「田僑」是形容土地所帶來豐厚利潤，養分豐盈的土壤，英文是 rich soil，rich 代表豐饒有餘，所以己土之人先天具有富裕本錢，只要在今生能夠充分發揮本質，「豐盛」自然而然會在生命中顯現。

◎己土之人 孕育萬物、承載力強、知識廣博
心思細膩、情緒複雜多變

土壤散布在地球各地，可以吸收超乎想像的水量，水與智慧也有關，所以己土之人若願意踏實地學習，他們學習力驚人、多才多藝、若能深入專精研究，會如百科全書般知識淵博，有成為學者的機會，像台北市長柯文哲，從政之前是台大醫學院的教授，在醫學上貢獻卓著。

土壤有固相、液相、氣相三相，水分與空氣各佔了三成。固相的沙土佔了四成，固相部分支撐著植物不傾倒，土壤裡的液體將養分及水分提供給根部，土壤裡的空氣協助植物根部進行呼吸作用。土壤的固相、液相和氣相都必須維持適當比例，才能利於植物成長。

己土之人心思龐雜，這在他們哇哇墜地時就已經註定好了。因為土壤裡摻雜了許多元素，因此己土之人雖然溫柔蘊藉，但又讓人難以捉摸，常常連他們也搞不懂自己，同樣事件，換了時空、情境，他們感受卻截然不同，情緒複雜多變是他們的特色。

己土之人渴望單純，但「複雜」才是他們的本質。大地之土，地域不同，土質差異極大、成分又極複雜，方得以滋養世上萬物，如果土壤只是單一成分，反而不利萬物發展孕育，因此「複雜」反而才是己土之人的優勢。

對己土之人而言，阿瑪斯在《鑽石途徑》一書中提到：「你所渴望的若非眼前真相，心就開始爭戰」，人們越是打從心底排斥自己與生俱來特質，內在衝突就會越嚴重，單純與複雜，用二元對立角度做分別，只是虛耗能量的無意義拔河，若能看到一切都只是大自然現象，看到「複雜方可利益眾生」這大優點，便能放下對立，接納並欣賞真正的自己，正如金剛經所言：「凡所有相，皆是虛妄，若見諸相非相，則見如來。」

◎己土之人 庇護眾生的溫柔臂膀

　　土壤是提供植物成長的介質，所以理所當然戊土之人【密碼7】和己土之人【密碼8】是甲木之人【密碼3】及乙木之人【密碼4】的貴人，雖然土壤在地球上不過是薄薄一層，但只要隨意抓起一把土，裡面的微生物數量卻可能難以計數，此外，土壤也是鼠類、螞蟻、蚯蚓、蜥蜴、軟體動物等各種生物的棲身之處。

　　故己土之人內心非常柔軟、願意付出、奉獻自己，給予他人成長的空間，遇見己土之人，是種幸福，可以享受到他們暖心的呵護照料。

　　土壤的安定與穩固，其實關乎著不計其數的生命，中華文化強調安土重遷，背後有著極慈悲的「護生」意涵，不任意傷及無辜小生命。任何一個工程興建，「動土」影響層面極廣，土壤是無數小生命的棲身之所，在挖土機進場之後，瞬間便能將這些小生命的生存環境破壞殆盡，為了避免施工或搬動之後的煙塵或細菌瀰漫，在動土之後，傳統習俗會將米粒加入清水中攪拌，再用「洗米水」擦拭或拖地，讓塵土不再飛揚，像是進行美好儀式，安撫著長年辛勞的土地媽媽，兼具了感恩大地及淨化空間的效果，可見「洗米水」果真是化解土煞的至寶。

　　己土之人所處環境的穩定度，對他們本身影響也非常大，身為己土之人的父母，不要頻繁地變動孩子的居住空間，任意動土、搬動大型家具，會導致己土孩子病痛不斷，有些孩子也會在情緒來的時候，出現「捶胸頓足」的激切反應。

　　如果孩子比較容易情緒化，父母最好能從小就提醒他們─要懂得珍愛大地。越尊重大地，會為己土之人帶來更多好運氣，其實成年後的己土之人依然要留意這部分，從根本照顧好自己，若是常常變更環境，就像常常翻土一樣，不知不覺就會傷了己土之人的元氣。

◎己土之人　要用天然肥料為自己施肥及養肥

　　大地之土之所以能夠生長作物，除了水分得宜，更需要充足的養分，但大地在耕種之後，會逐漸耗損，故必須倚賴施肥維持地力。從十九世紀人類開始使用化學肥料之後，雖然增加了產量，但也因為土壤的淋溶、洗出、洗入作用，除了產生土壤酸化現象，河川及地下水也跟著被毒化，全球的土地面臨危機，對應到現實生活中的己土之人，他們也需要處理外在環境對他們所造成的汙染及干擾。

　　廣告名言:「天然的尚好」，己土之人需要懂得為自己製造天然肥料，例如多進修、涉獵不同領域的學問，在工作場合多與不同天干的夥伴來往交流，多聽、多想，無形中便能轉變自己偏頗的觀點。

　　父母培育己土的子女，最好從小就開始為他們灌溉、施肥(鼓勵他們多看書，多提升語言能力)，猶太人父母為了讓孩子熱愛學習，養成閱讀及思考習慣，甚至將書本塗上蜂蜜，讓孩子聞或嚐，感覺書的味道是甜美的，這並不是要鼓勵大家這樣跟進，只是己土之人適合從小就成為「培養土」，增加他們的充實感與人生養分。

　　土壤是為了培植萬物而存在的，己土之人「土壤流失」了，那基業就不保，則身體、情感、事業的層面，就會受到傷害，因此在生活中要多加留意。在培育植物的過程中，如果像圖片中土壤完全被植物根系盤據，就是要換土、補土的時機了。

　　己土之人「換土」、「補土」的方式，可以透過轉換工作環境(從小盆換到大盆)，或是透過思想上的提升，擴大社交圈(補充營養劑)，這些都是「轉換土質」、調整思想的快速方法。

◎己土之人 莫名的自我批判與否定、隱匿型的掌控慾

　　《易·繫辭》云：「天尊地卑。」仔細端詳象形文字「卑」，𠦑頭上一撇，象徵植物破土而出，「登高必自卑」，「卑」代表低下處，樹木與花草若想要成長，一定要從最低下的土壤中破土而出，這也註定了大地乘載及成就萬物的宿命。

　　地球上肥沃的土地，往往都是大河流經的地方，好比埃及尼羅河流域平原、美索不達米亞平原、黃土高原、長江中下游三角洲、珠江三角洲、亞馬遜河流域平原、台灣的蘭陽平原、嘉南平原，這些河川沖積出來的平原，皆是生養成千上萬人的土地。

　　西漢時，中原之土，有無數低下卑濕之地，利於稻米生長，《說苑·復恩篇》：「下田污邪(低下之地)得穀百車。」《說苑·辨物篇》:「下者禾亢。」英文字彙平原(plain)除了平坦之意，還代表著「平庸、平凡」，對照象形字「卑」，發現兩者語言不同，卻有著異曲同工之妙。

　　己土之人因為處在低下位置，內在有無法言喻的自卑感，覺得自己似乎不如別人，會貶低自我價值，不妨看下面兩張圖，諸位看倌，乍看之下，捫心自問，您視覺上第一個焦點擺在哪裡？是旁邊的樹木？虎尾

蘭？雜草？還是黃土色的砂土？拍照時，還聽到朋友說：「旁邊裸露的沙地真是難看，為何不再多種些草？」

　　希望透過這兩張圖片，帶領大家思考並看見己土之人的委屈。如果拿掉了最低下的沙土，請問生長在上面的植物還能存活嗎？

　　明明空間比例佔最大，可是為何得到讚嘆的卻是花草，而不是砂土？

　　己土之人生活中常要面臨這種糾結，帶點忌妒、競爭、計較，常常遇見「好康總是別人」(閩南語)的事件，例如：生活中想要成全先生盡孝道，卻慢慢發現先生的心力全都轉移到公婆身上，雖然被大家誇讚是好媳婦，但是己土之人卻有著說不出口的鬱悶，覺得是自己做得不夠好嗎？否則為何先生的心總不在自己身上？

　　己土之人在社會上常常扮演「腳踏墊」的角色，被別人踩踏，「軟土深掘」，身段放越軟，好像被欺負地越慘。就像花式跳水的選手，觀眾難以忘懷他們在空中翻轉幾圈，然後濺起最少的水花，筆直入水的美麗姿態，喝采聲中，誰會記起那個尚在抖動的跳板？點點滴滴的心碎，讓他們會忍不住像阿吉仔一樣悲嘆：「我比別人卡認真、我比別人卡打拼，為什麼、為什麼我比別人卡歹命？」

　　己土之人默默辛苦付出，像是終日忙於為人作嫁、替人打江山，他

們所栽培的人、事、物，卻反而比較容易得到好處及肯定。大地上作物的收成，就是土壤的成績單，因此己土之人通常比較執著於他們付出的成果，己土之人將配偶、子女、下屬與事業，當成他們的成績單，雖然有著大地的敦厚，但你卻能體驗到他們的掌控慾。他們會非常介意別人眼中自己的「生產力」，既然是他們用心栽培的「作物成果」，便不喜歡被他人干擾或破壞。

我們也可以從另一觀點去思考，道路舖在泥土上，四通八達，行走於馬路上，你是否會發現世界上根本沒有完全平順的道路？即使是規畫完備的唐朝棋盤式道路，依舊無法避免路上的阻礙，道路一定有著高低起伏，因此己土的人生，也是起伏跌宕的，必須經歷無數考驗。

己土之人必須為自己的人生導航，時常思索自己的人生目標，否則無異如行走於人生的迷宮中。己土之人的生命旅程，容易碰上自己及他人同陷迷宮的難題，這時需要提高自己的觀點及視野，才能找到走出迷宮的路徑。

在路上騎車要格外當心，因為路況時有問題，柏油路面不平整，乃至人孔蓋突起，都有可能讓人跌個狗吃屎、狼狽不堪，甚至骨折、喪命。己土的身邊人也要留意，因為一不小心就可能被坑坑疤疤的窟窿所絆倒，現實生活中，在路上被窟窿絆倒而摔傷的人，第一瞬間，粗話常脫口而出：「這是什麼爛馬路？倒楣，我要申請國賠」，這也可以看見己土之人的內在感受，他們有著「做好沒功、弄破要賠」的深深無奈。

那麼己土周邊的人又該如何與他們互動呢？南來北往的馬路，動線明顯，在應該轉彎的地方，如果你堅持向前走，若前方是魚塭，也許你會掉進魚塭裡；若前方是條無尾巷，你走到盡頭，也只能繞道離開。

由此可見，與己土之人溝通時，表面上他們給了身邊人道路通行權，

但是如果他們不買你的帳，你就會不斷碰到軟釘子、被敷衍了事，讓你走在岔路口、無所適從，根本不得其門而入。有時他們宛若昭告眾人—「此路是我開，此樹是我栽。若要過此路，留下買路財。」

　　所謂「買路財」指的是己土之人流露出掌握全場的霸氣，正是一句話：「我說了算」。如台北市長柯文哲，為何他能如此無懼地處理大巨蛋爭端，己土之人在包容歧見之餘，其實對政績或成果有著隱匿性的超級掌控慾。因此要先弄清楚己土之人的原則及訴求何在，先仔細聆聽他的看法，否則會發現彼此「各說各話、毫無交集」，所謂「條條大路通羅馬」，前提是羅馬城已設計成放射狀路徑，對大家敞開，雙方溝通才會無所阻礙。

◎己土之人　須留意生命中藏汙納垢及脾臟問題
是情緒回收站、簽名之前請三思

　　大地之土奉獻了自己，讓養分及有機廢棄物進行轉化，土壤看起來如此沉默平庸，但事實上，土壤底下有數不清的物質和能量不斷進行著養分轉化，土壤提供了碳、氮、磷、硫等元素的轉換與循環，例如：植物靠光合作用攝取大氣中的二氧化碳，動植物死亡後的遺體，腐爛分解為腐植質，成為土壤肥料，或是經由微生物分解後，以二氧化碳形式回歸空氣中。還有氮循環，大氣中佔了五分之四的氮，透過土壤內豆科植物固氮菌協助，才能被植物吸收利用，人類吃下了動植物後，得以攝取這些養分，周而復始的循環，讓這些元素生生不息。

　　從自然界現象可以推知，己土之人對地球而言是如此珍貴，他們寬廣的心胸，著實讓人動容，因為土壤本就具有三相，己土（平原之土）地勢低，不像戊土（高山之土）可以透過高度，有較好的排水功能。

　　己土生來就註定要面對水、土、氣體間的平衡及糾葛，水分與「情感、錢財、言語溝通、智慧」有關。

　　土又代表思想，而土壤內的氣體，只有極少數是氧氣，多數是微生物分解過程，讓人聞起來不舒服的氣味。因此己土之人所面臨的生活，就是土壤三相比例層次不同的生命糾結，以「情感挫折」為例，己土之人往往會一次到位，同時捲入了金錢、情傷、言語傷害或霸凌，他們會體驗到「痛苦吞腹內」的辛酸，再加上被舊思想綑綁，無法自主，故怨氣飄散在人際關係中，窒息感逐步蔓延。

　　己土之人的原生家庭、夥伴或親密關係，常讓他們難以忍受。最不簡單的是－即使情緒折磨已如巨浪襲來，他們依然會選擇忍讓、委曲求全，非到生死關頭，退無可退時，他們絕不輕易拆毀他們的關係城堡。

　　泥巴看起來表面上是軟趴趴的，可以任君捏塑，但是捏成泥巴球，乾燥風乾之後，用力投出，家裡的玻璃窗可是會被擊碎的，己土之人忍到最後爆發的攻擊後座力，也不容小覷。

　　關係的產生時常伴隨法律效力，例如：婚姻或是事業合作，己土之人必須牢記於心，要留意簽訂合約問題。如果輕忽了這區塊，往往要背負起難以想像的後果，例如：可能會為配偶背債、為合夥人背書，因為土壤遇到水分會變成「泥巴」，英文 dirt，當名詞表示「汙垢、爛泥、醜聞」，形容詞 dirty 是「骯髒的、居心不良的」，動詞則表示「弄髒、玷汙」，有趣的是土壤英文字 soil，當名詞時有「污物、肥料、糞便」之意，動詞則表示「變髒、腐蝕」之意，兩者意思相近。

　　己土之人會碰見「藏汙納垢」的生命主題考驗，如何全身而退，避開無謂的官司糾紛，必須拿捏好箇中分寸，如果像前面所提的身陷迷宮中，會發現自己宛如困在流沙中，漸漸被吞沒，難以自拔，要記得可以

盡力成全他人，但千萬不要毀滅自己，忍耐也要有限度，必須設下停損點。

戊土之人【密碼7】和己土之人【密碼8】的共通課題都涉及「誠信」問題，言語也是己土之人必須審慎的部分，要避免以訛傳訛，任何事物的溝通，盡可能與當事者展開雙向對話，因為你一把砂、我一把土，砂土一旦任意混和，已離真相太遙遠，「堅守誠信」才能避免被人抹黑或無端抹黑他人，對己土之人而言，這才是安全回家的道路。

土壤若是完全失去水分，就會像是撒哈拉沙漠一般，乾燥無生氣。己土之人若失去「情感、錢財、言語溝通、智慧」，人生又剩下了什麼呢？

撒哈拉沙漠日夜溫差極大，讓旅人捉摸不定，失去「情感、錢財、言語溝通、智慧」的己土之人，宛如戴上「後母」的面具，讓人保持距離，心生畏懼。

己土之人在性格上若過度潔癖或堅持己見，身體會出現過敏反應或呼吸系統會出現問題。從外在大宇宙到人體小宇宙，脾臟剛好對應到人體內的土元素。脾臟喜燥惡濕，吸收營養，代表消化吸收的功能，脾氣要升，胃氣要降才好。己土之人若無法消化吸納自己的各種情緒能量，臟器功能會出問題，「脾開竅於口，其華在唇」，日常生活中，脾氣不順的人，難以說出柔言軟語，觀察己土之人的嘴唇色澤，不是過紅，就是慘白，味覺不正常，口中乏味，身體脾氣的好壞，可以從他們的臉色及氣質窺出端倪。

對土壤來說，水分的運化，原本就不是輕易的事，水分過多，可能引發水瀉，水分過少，又變成裂土，在人體方面亦是如此，脾臟在己土之人的體內，反映著他們的內在需求和水分(情感、錢財、溝通、智慧)是否維持著均衡關係。

◎己土之人 善用資源、知所進退、創造多贏

近幾年來，台灣頗風行「魚菜共生」，追溯其源，是從珠江三角洲「桑基魚塘」演變而來，因為珠江三角洲全年氣候溫和、雨量豐沛、日照充足、土壤肥沃，自然條件優厚，只可惜常有水患，人民的農作與生活飽受威脅。於是當地人將低窪地挖深改建為池塘，飼養淡水魚，再將挖起的泥土堆砌在魚塘邊，變成塘基，填高地勢以減輕水患，塘基上又能種桑養蠶，可謂一舉數得。

古人竟有這樣的環保意識，既能保有傳統稻作文化，又能加以創新，善用土地空間與輪作時間，獲得最佳投資報酬率。

此外，蠶糞可餵魚、塘泥可作為桑樹肥料，形成桑、蠶、魚、泥共依存的良性循環，避免水患之苦，營造出友善的生態環境。這種做法兼具利己、利人思想，使天、地、人和諧共存。聯合國將其盛譽為：「世間罕有美景」、「良性迴圈典範」。

對於己土之人而言，這樣的模式完全可以套用在事業及人際互動上。己土之人位於低處，眼光無法看得那樣高遠，但謙虛好相處，不會勢利眼，凡事只要努力就可以快速看到成果，有奮鬥的目標，會為他們的生活帶來安全感。

己土之人要知道——雖然自己辛苦奠定基礎，但是成功的背後需要許多資源，必須要有真正的夥伴情義相挺，不要吝惜為人所用。正如農民墊高塘基以防水患，己土之人要妥善管理自己的言行，知所進退，兵來將擋，「水來土掩」，以誠信相待。

人脈是己土之人最好的肥料，正如心理學家湯瑪斯·哈禮斯的名言：「我好，你也好」，營造利益均霑的多贏局面。己土之人分布在世界各角落，國父孫中山先生說：「能力低者、服一人之務；能力高者，服眾人之務。」己土之人的偉大不在於功績大小，而在於是否全力以赴、盡心盡力為人服務。

◎己土之人 角落的灰姑娘、母憑子貴
要與周邊人建立生命共同體關係

在大自然中，草木長在大地上，除了替大地增色不少，更重要的是保護大地的表土，避免土壤被風吹散、被水流失，雖然大地辛苦提供花草樹木成長的資源，但這其實是「互利共生」關係，花草凋零、秋風掃下的落葉，一一都變成大地的肥料。

因此，己土之人與他們所培育的人、事、物是生命共同體。己土之人會積極投入家庭、情感關係、事業，卻又難以避免對同儕甚至配偶產生競爭、比較、忌妒心態，如果能試著從大自然角度來看待人際關係，就能從其中體會到唯有「共生共榮」，才能開疆闢土、所向披靡。

歷史上有位奇女子名叫李陵容，她原本只是一個做粗活的宮女，因司馬昱的兒子都早夭，姬妾們努力多年卻無人再生子，司馬昱擔心無人傳後，苦無方法，勉為其難求助於某道行高深的相士。相士自稱能一眼判讀哪位女子可以生下他的兒子，可是找遍宮中，卻沒看到對的人選，

只好將搜索範圍擴及所有女人，總算找到李陵容，才發現此女是皮膚黝黑的崑山奴（《晉書》）。今日推斷李陵容大概是中東以南的血統，司馬昱並不開心，但為了傳宗接代，只好接受。李陵容生下兩子一女，在司馬昱稱帝後，被冊封為淑妃，司馬昱去世後，李陵容的長子繼位，先封她為皇太妃，之後又尊她為皇太后，長子司馬曜死後，孫子繼位，再被尊為太皇太后。李陵容沒有選擇走後宮爭寵、鬥爭路線，只是善盡生養後代職責，反而因此得到令人欽羨的殊榮地位。

《易經》曰：「地勢坤，厚德以載物」，李陵容發揮了大地精神，試想皇帝當時並非看上她的容貌，誕下皇子之後，恐怕也難常有被臨幸恩寵的機會，長夜漫漫，是胡思亂想、暗夜啜泣？還是恃子而驕，為自己製造殺身之禍？她因為能看見生命目標、有智慧地選擇溫柔守候、不強出頭，默默付出、視子女為生命共同體，於是母憑子貴、富貴榮顯、進而母儀天下。

己土之人應減少動怒、抱怨，保持情緒穩定、修身養性、謙卑待人，自然運勢和各方面就會順利。對己土之人而言，他們具有無窮的潛力，能夠成為優秀的教師、企業界講師，是從事培育及教學的優質人才，「十年樹木、百年樹人」，他們可以在各行各業作育英才。

一旦己土之人的學生或身邊人青出於藍、更甚於藍，反而會讓己土之人更受到矚目，就像李陵容一樣。己土之人若能無私奉獻，培育後人，便是最大成就。像統一集團的高清愿董事長，也是己土之人，創業之後，知人善任、又懂得拔擢人才，積極致力於栽培、提攜後進，因而讓統一集團人力資源充沛、創造事業高峰。

又如：電影＜露西＞的導演盧貝松，透過電影傳播腦部科學的資訊，引發全球思考生命價值，即是完成了教化人心的任務。

◎己土之人 生命研究者、放下壓抑、療癒傷痛
災難背後是上蒼悲憫的祝福

《尚書·禹貢》提到大禹在治水的過程中，同時深入研究各地土壤，根據土壤色澤、粗細及水文狀況進行分類，並依照土地肥沃程度決定賦稅高低，大禹像是中國第一位土壤學家，因著對土地及人民的疼愛之心，他撫觸、嗅聞每塊踏過的土地，自然界中的土壤，分類繁多，例如黏土就具備較高的可塑性，而砂質壤土，乾燥後會散開，但水分又會使之聚合成塊。己土之人要像土壤學家那樣，將自己的生命當成個案，正確而深入地了解、研究自己，這絕對會是他們今生最值得的投資。

自然界的大環境，反映著不同天干人現在的集體潛意識，翻閱人類文明史，尤其武器被發明之後，地球上每塊土地都充斥著殺伐之氣，甚至血流成河。土地的傷痛記憶，只在歷史記載中存在著，現實生活中的人類隨著時間滾輪向前，選擇忽略過去，似乎事不關己。

但時序到了西元 2015 年，敘利亞發生戰亂，難民潮無法遏止，影響到周邊國家。我們住在地球村，享有與地球各地同步的呼吸與脈動，對於我們摯愛的大地之母，己土之人很幸運地可以有更積極作為，請鼓起勇氣面對並穿越生命中的受苦經驗，就能夠協助大地母親釋放征戰、血跡斑斑的集體記憶。地球母親的肚子裡，也住著一個飽受驚恐的內在小孩，召喚著己土之人透過療癒他們自己，再將愛傳遞給大地。

就像家裡的洗手台，水流堵塞，往往是因為裡面有些異物卡在其中，必須要拿起來疏通，先把底下水管千絲萬縷的毛髮清理掉，才會舒爽順暢。己土之人從小到大，其實不是走在坦途上，許多傷痛會存放在潛意識中，他們多半會選擇視而不見，告訴自己要樂觀，然後把心碎埋藏在內心幽暗處，多重加密成為 X 神秘檔案，不允許自己或他人隨意調閱。

畢竟土壤的表土層，總是動人的花紅草綠，如果外人率性妄為，從表土層長驅直入，侵入他們心土層（內心深處），對他們而言，那可是「大動土」，過度躁進，會讓他們尚未跨越療癒門檻，便身受重傷、想落慌而逃，無意間也中斷他們的內心探索之旅。

遇到情緒低潮時，己土之人可以向母性的力量求助，例如：觀世音菩薩、聖母瑪利亞、王母、瑤池金母等女神，因為己土之人天性慈悲，很容易與祂們相應。

近幾年強調永續農耕，國外開始有人發起「不犁田寧靜革命」。新石器時代的人類最早從事不整地耕種，只用棍子在地上戳洞、撒下種子，再覆蓋土壤，讓土地以天然方式調養生息。因此，己土之人不妨以定點、定位方式探測挖掘自我，藉由接受心理諮商或是上心靈課程來了解自己。

試著放慢步伐，抓出自己的節奏，正如挖掘土壤時，如果挖土機把洞挖得太大，則會發生坍方現象，像是「自掘墳墓」，造成難以收拾的遺憾。己土之人探索自己的內心時，切勿躁進，要循序漸進，慢慢深入。他們往往帶著較深的受害者意識，就像岩石崩解成砂土，或是剝落洋蔥，一層一層，都需要時間的積累。己土之人要成功，需要時間等待，也需要周邊人更多耐心與陪伴。

土壤和水分之間的膠著與拉鋸，有時會削減己土之人的行動力，因為他們無法客觀評估水帶來的益處，總是擔心著水帶來的災難。從大自然來看，每回的雷電交加，電光閃閃與轟隆巨響如此駭人，藉由高溫，協助空氣中不易釋放的氮與氧結合，二氧化氮隨著雨水流到土壤裡，成為天賜的氮肥。

又如尼羅河氾濫成災，無辜喪生者無數，埃及人卻在喜怒無常的尼羅河畔，學會安居樂業之道，氾濫後上游攜帶而來的黑金肥料，使農作豐收，讓一家老小得以溫飽。還有最乾燥的智利 阿塔卡瑪沙漠，四百年缺雨，在西元 2011 年遇上罕見大雪，中國人說：「瑞雪兆豐年」，西元 2015 年的沙漠大雷雨，造成死傷，但半年之後，卻讓原本寸草不生、荒蕪一片的沙漠，霎那之間，花團錦簇，吸引了數萬名觀光客，讓居民得到意外之財。

災難與祝福往往只是觀點的差異，藏在土壤底下的黑暗，有著神要送給己土之人的禮物，等待著他們一鏟一鏟挖出。

◎己土之人 踩在思想的墊腳石上改寫命運

印地安故事中，有位老農夫養了頭驢子，卻不小心掉進枯井裡，農夫想盡各種辦法，但幾個小時光陰流逝，還是無法救出驢子，耳邊只傳來驢子哀嚎聲。農夫心想：「驢子年紀大了，再拖下去也沒輒，不如把井填起來，將驢子埋了，還能減少驢子最後的痛苦。」於是找來左鄰右舍幫忙，開始人手一鏟，將泥土鏟入井中。驢子終於了解自己所面對的困境，一開始哭聲淒厲，但一陣子之後，卻鴉雀無聲。農夫好奇往井底探望，眼前的畫面讓他大感驚訝。當鏟進去的泥土落在驢子的背上時，驢子抖動身體，讓泥土落到土堆上，然後站到土堆上頭，一而再、再而三，

驢子把所有傾倒在牠身上的泥土，一一抖落在腳下，然後踩踏上去。於是眾人齊聲歡呼喝采，不久後，這隻驢子便順利站上井口，改寫了自己被活埋的命運。

困在陷阱中的驢子，就像己土之人，土地上難免有陷阱，真的發生這樣的意外時，只能正視自己的問題，才有脫困的機會。一鏟一鏟添加的新土，代表著新的觀念及思想。

己土之人若能調整內在思維及信念，反而能為自己找出新的活路，把原本要掩蓋他們的泥土，轉化成墊腳石。身邊的人在己土之人遇到困境時，千萬不要再冷嘲熱諷，潑他們冷水，多為他們鼓勵打氣，才能真正幫助他們走出困境。

◎己土之人　穿越黑暗的生命戰士、跳脫輪迴
　　　　轉化觀點、羽化成仙

土壤大部分都在不見天日的黑暗裡，與戊土之人雷同，恐懼也時常拜訪己土之人的內心深處，只有他們自己心裡有數，白天陽光照在土壤的表土層上，加上又有植物在上面生長，顯得光明多采。對於外面世界，己土之人習慣強顏歡笑，每日馳逐於花花世界的功名成就，但是莫名的空虛感卻驅之不散，那是他們的內心深處發出的強烈呼喊。

對於己土之人來說，使他們受苦的部分，往往是心理層面，神想要引領己土之人進去土壤最深處（內心深處），去看見今生他們原定的生命計畫，在黑暗中摸索、轉化他們自己。

己土之人的內在有難以克制的卑下及委屈感，無怪乎「其神烈嫉妒人，人之妒者，蓋起於脾。」如果無法轉化內在長期的卑下感，在為他人付出時，內心還是會有怨懟，無法客觀看待身旁人事物。一旦產生了

受害心理與嫉妒心，也就無法心甘情願去付出，脾氣較大者，就會口出惡言，事後常常懊悔自己所說出的話。

土對應到「信德」， 己土之人除了對人要有誠信，更要具有內在誠信，去看見自己內在的真相。 聽說過蟬的美麗故事嗎？遠自新石器時代紅山、良渚文化就出現玉蟬蹤跡，「古人玉不離身」，「君子比德如玉」，達官貴人死後口中喜含玉蟬，希冀到另一時空，能夠永垂不朽、重獲再生，中華文化認為蟬雖居於泥土數年，卻出汙泥而不染、高潔清傲。

美國東部有獨特的十七年蟬，其數上億，集體在某個夜裡，爬出地面，對現代人們來說，也許覺得畫面極其噁心，但這過程竟神似己土之人這趟地球旅程。

若蟲在樹洞裡孵化之後，透明澄澈，扭動稚嫩身軀，選到合適的地點，鼓起勇氣、向下墜落，落入黑土、蹲入苦窯，長達十七年，這已接近人類弱冠之年，在地底深處汙泥濁水中的若蟲，從寶寶期就無緣受到父母妥善照顧，黑暗啃噬著他們的心，樹根汁液為食，若是你，也許滿載著對原生家庭的傷感與不平，但是他們隱忍、默默長大，直到那一夜時機成熟，幾億隻的若蟲夥伴，不約而同集體爬出地面，前仆後繼、想要爬上枝頭。

如果你曾經觀察過他們一釐米、一釐米往上攀爬的過程，見識到他們因為沒抓牢、從高處摔落，然後一切必須重來，親身體驗—在若蟲的字典裡，從沒有「放棄」這兩個字，當他們終於皇天不負苦心人找到可以安身之處，準備蛻變，卻也是生死交關，運氣太差的若蟲，在蛻變中，因為誤判，胸口竟直接迎向樹幹的刺，被封殺出局，順利熬到「金蟬脫殼」者，中國傳說中，他們只飲露水、羽化成仙。十七年蟬，同時又表「跳脫生生世世負面輪迴」，人生幾何？又有多少次十七年？

　　脫殼成功的成蟬，離開了地球表面，只剩最後一個月，能夠擁抱陽光，在最後一個月去發現—原來父母傳承給他們的愛，竟然如此龐大，甚至願意為他們全心全意、獻上生命，這才領悟在地底下對原生家庭的悲與怨，全都是「自己想、自己對」，在蛻變的那一刻，若蟲憶起了最初還在樹梢上的童年，那一股腦的堅決向下投生，理解到身處汙濁的娑婆世界，面對無數汙名化的生命事件，只要願意去醫治自己的心，從負面厭惡的心態，轉化到接納負面事件存在價值，用自己生命去體悟，原來「離苦得樂」就在今生今世、就近在眼前，在黑暗地底，不正像是黑暗靜心的印度傳承，內心沒有抱怨，只是全然經驗及擁抱黑暗，難怪蟬兒又名「知了」，人生不就求這樣的了了分明。

　　美國十七年蟬，集體從地底爬出，每公頃就高達數百萬隻，如此壯觀的畫面，就好像是數以千萬、數以百萬計的己土【密碼8】人類，「人生難得、今已得」，何不緊抓住可以解脫苦難的機會，「出汙泥而不染，染淨不二」，原來沒有所謂的地底或天空的問題，只是己土之人執著了分裂觀點，從二元撕裂中爬升，發現自己長期被幻象所欺瞞，於是脫殼而出、羽化成仙、即生成就。生物學稱這樣的過程是「變態」，英文是meta-morphosis，morphosis 是形態與架構，meta 是超越，一旦人類也能夠超越既有的框架，就能抓到解脫的關鍵。

　　金蟬脫殼後，連蟬蛻都變成醫治疾病的珍貴中藥材，己土之人踏實走過辛酸，土是厚實飽滿的，從 contend（競爭）、走向 content（滿足），僅是結尾一個英文字母的差異，卻看到且欣賞土壤本身的肌理與質地，從而體驗到自我愉悅的極限（self-contented），正式脫下顧影自憐（self-pity）的若蟲外衣，化為人間那響徹雲霄的清鳴之音。加油啊！親愛的己土生命鬥士們！

◎己土之人　卻顧所來徑、人生爐中煉仙丹

地球形成初期、火山爆發不斷，除了噴出各種有毒氣體，岩漿從高山順勢而下，同時也進行著大地造陸工程，己土之人有時過度放大了個人的付出，忘記了感恩，忘了自己得之於人太多，一路享受著豐沛資源，因為有水分流動，有空氣流通，有陽光閃耀，讓土可以孕育萬物，沒有了陽光、水分、養分，可能會像沙漠一樣，貧瘠之土、了無人煙、孤單寂寞。

古人的廚房裡有個寶貝，「灶心土」又稱伏龍肝，拿來燒柴草的土灶，灶內底部中心處的焦黃土塊，味辛、溫和。歸脾、胃經。可止血、止嘔、止瀉。

原來己土之人，對應的身體器官是要留意脾臟，沒想到這世間果真是物極必反，重點不在於去吃這一帖藥方子，而在於己土之人對應大地之土，最早不就是高溫灼燒噴出的產物，這不是更清楚揭示了己土之人的人生旅程，冶煉自己的「心土層」，最精華的部分不往外求，在自己身上！

而己土之人的人生之路，就像高坐太上老君煉丹爐內，在塵世中翻滾、煉丹有成、自渡渡人、普化眾生。

◎四季之中的己土之人

‧春天的大地之土（民國２８年、民國８８年出生者）：像欲萌芽的草木，有開闊心胸而平易近人，但也會因為仁慈心軟而受傷害，宜奮發向上，會為五斗米而折腰，需要行事踏實、多行善、多自我反省及懺悔，才不容易有行為偏差，代表人物是愛因斯坦、卡洛斯.斯利姆.埃盧。

‧夏季的大地之土（民國１８年、民國７８年、民國８年、民國

６８年出生者）

　　夏初的大地之土（民國１８年、民國７８年出生者）：如同無法釋放的地熱，擁有良好的學習以及吸收能力，卻無法靈活加以運用，因而產生表裡不一、有苦難言現象。會表面上迎合應付，實質上另有自我主張，要多學習溝通，才不會製造一些額外的人際困擾。代表人物：高清愿、蔡萬才。

　　夏末的大地之土 (民國８年、６８年出生者)：嚴以律己、寬以待人，如高溫的平原，默默付出，節儉而忙碌，非常在乎他人評價，外在看來嫻淑，但內在有時脾氣火爆，特別要慎選朋友，因為有時會遇見迷惘之事。

　　・秋季的大地之土 (民國５８年出生者)：像是落到大地上的果實，喜歡幻想，會因為沉迷於外在世界的褒揚稱頌或是光鮮亮麗，因此犯小人，被他人所利用，若過於重視私心，將難以成大器，需謹記在心－「忠言逆耳、良藥苦口」，若能聽下他人誠心地勸誡，必有想像不到之收穫。例如：桑德伯格雪莉 (fb 首席執行官)

　　・冬季的大地之土 (民國４８年、１０８年；民國３８年、９８年出生者)：冬初的大地之土 (民國４８年、１０８年出生者)：內懷隱憂，有時會流失智慧，還故作鎮靜，像是被掏空的地基，雖是君子，但也愛財，外表看來臨危不亂，但要注意聰明反被聰明誤，凡事不宜太過誇大，小心暗藏的危機，代表人物是柯文哲。

　　・冬末的大地之土 (民國３８年、９８年出生者)：像是遍地結霜的嚴寒大地，處理事情會堅持己見，較缺乏變通性，獨斷獨行，但忍耐力也是十足，有恆心及毅力，需要謹記在心－處事謙卑、留點彈性，才容易保有和諧融洽的關係。代表人物是林百里。

【靜心時間】

　　學習在每一件事中認識自己，才能練習真正的平靜。

　　冤不怒　，譽不喜，禁得起謗，扛得起擔，

　　才能保持一顆清靜純潔的心。

【第七節】　成功的第七把鑰匙：
庚年生者【密碼9】

「庚」，以民國紀年，農曆出生年分尾數為9的人，其天干就是庚，例如：民國１９年、民國２９年……等出生的人，男女皆同。稱為【密碼９】

風起雲湧戲秋潮

鏗鏘疾徐霸威豪

精粹千金時予我

蓋世英倫且今朝（李太白粉）

◎庚年生者：萬事俱備威儀來，白手起家好丰采。

古今知名人士如：孔子、蔣經國、馬英九、陳水扁、喬治‧索羅斯、巴菲特、關羽、提姆庫克(蘋果執行長)、約翰藍儂、王永在、郭台銘、尹衍樑、李欣蘋、莊淑旂、陳菊、宮崎駿、貝多芬、朱熹、和坤、趙少康、諾貝爾和平獎得主尤努斯等。

庚　風起雲湧

庚金個性剛硬像是刀劍，在大自然中是風，也類化為老天的訊息、老天的考驗。代表革新、創新、傳遞的能量。

『風』其實是氣候變化主要的因素，關係著孕育萬物的時機。唐朝

以後，風伯受到各朝各代君主虔誠祭祀，認為風伯『執掌八風消息，通五運之氣候』，是配合雷神、雨神，可以幫助萬物成長。

　　＜風俗通義・祀典＞云：「風伯，鼓之以雷霆，潤之以風雨，養成萬物，有功於人。王者祀以報功也」。另一方面，風伯也會以颶風的形式，產生自然災害，造成屋毀人亡的災害，因此也有「凶神」的意涵。

　　庚金之人【密碼9】和辛金之人【密碼0】屬性都是金，對應的是義德，＜說文解字＞云：「義：己之威儀也。從我、羊。」「羊」意指往天界獻禮，祭獻上美好的祭品；「我」字中藏了「戌」字根，戌月是農曆九月，代表秋收，也代表１２生肖中的狗。不論是在天上或人間，都願意為守護美好事物而努力，為人有義時，願意將自己的肉體生命，看做如敬天的牲禮一樣，為維護天給人的道德標準，而能割捨肉體生命的慾望與貪求，去行該行的義路，實踐義的舉止。

　　但秋日時節也有肅殺之象，「我」在象形字中，本指很多利齒的武器，在太平之時，可能是拿鋤頭耕作、耕讀隱居，如同關羽飽讀經書、熟讀＜春秋＞，為文武全才，但逢國家有難之時，義不容辭、奮勇上前線。平日懂得收斂、沉潛自我，但是在危難時刻又能夠見義勇為，即使曹操不斷以利相誘，他仍忠義守節、不為所動。

　　＜墨子・經上＞云：「義，利也」。在社會中，大家常常討論著「重義輕利」或是「重利輕義」，義與利究竟孰輕孰重？事實上，這並非兩造對立的問題，利與義本就可以相容，並且並行不悖。

　　＜易經＞提及「利」，又表「秋收」。易・乾卦：「利，物足以和義。」捍衛收成、堅守正道，義也。豐收之時，感恩天的賜予，眼中所見為眾人之集體大利，而非僅著眼於一己之私，故說「義，利也」。

　　＜釋名＞云：「義者宜也，裁制事物使合宜也。」，因為各守其份，

故能利益共享、眾人均霑。

　　諾貝爾獎得主尤努斯說：「我能理解賺錢是實現人生目標的手段，但無法理解的是，賺錢變成人生的目標本身。社會變得對金錢集體上癮，把金錢當作皇帝一樣來崇拜和獻身。」這位身為庚金之人【密碼9】的尤努斯先生，以他親身的成功經驗，對於庚金之人【密碼9】和辛金之人【密碼0】同為金的屬性，痛下針砭，這段話頗值得再三玩味、深思。

◎庚金之人 喜行俠仗義、吃軟不吃硬、樂於助人

　　庚金之人在地球上，可以比喻為「金屬、武器」，而刀劍無情，讓人聽起來很可怕，使人不禁想退避三舍。顯而易見的是庚金之人帶有攻擊性，使得不好，就會對人造成損傷。

　　另一方面，在武俠小說中常見這樣的情節：荒野山林中有婦孺落難，遇到武功高強的俠客突然現身，在危在旦夕之際，只見刀光劍影，起落之間，為人解圍、救人一命。也因此可以看出庚金之人與生俱來帶有豪氣，喜歡路見不平、拔刀相助。

　　從大自然角度，風（庚金之人）也呈現此等豪邁氣魄，像是在悶熱的時候，只要拿起本書、或拿個墊板，輕輕揮動，就能感受到一股涼意。或是你緊張不已時，只要深呼吸，就能吸入更多氧氣，加速身體內外氣體交換及流動，人就會清醒且輕鬆。

　　懂得善用「風」的話，只要是你遇上困境，庚金之人就是你可以求助的對象，無論男、女、老、少的庚金之人，他們都喜歡濟弱扶傾。「助人為快樂之本」，帶給別人快樂，也是庚金之人的本質之一。即使外在看來溫柔婉約的庚金女孩，內心裡還是包藏著正義感，落難徬徨無助之時，想要尋覓春風（解危），請靠近庚金之人。

觀察大自然中的風,「大風起,大樹折」,「大風起兮,草木彎兮」,想要和庚金之人互動或解決難題,要牢記老子所說:「柔弱勝剛強」。可以仿效花草隨風搖曳,「趴著趴著才不會中槍」,否則強烈颱風來襲,樹木應聲倒地,真是可惜了多年經營的關係。

「避開風頭」也是庚金身邊之人要學習的智慧。因為風來得快、去得急,即使是颱風肆虐,也有時效性,等待庚金之人狂掃而去,颱風離去,一切便回復雲淡風輕。

所以如果父母或主管是庚金之人,當他們變身為「威猛先生」,挾帶嚴厲指責或憤怒而來的時候,建議子女或下屬快速記下他們交辦事項,「唯唯諾諾」一番。既然庚金之人「吃軟不吃硬」,就選擇先當「軟柿子」,等到風平浪靜,庚金之人冷靜下來,才是雙方較好的對話時機。

◎庚金之人 思考敏捷、抗壓性極強、粗獷豪氣、積極衝刺

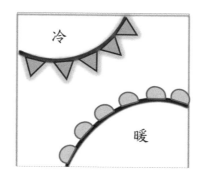

氣團中冷鋒與暖鋒皆為金字部首,冷暖氣團交會,正面交鋒,各擅勝場。氣象圖上,暖氣團代表圓形,採用的是紅色圓形朝上,取其由南而北前進;冷氣團,代表符號則如釘耙,藍色尖尖三角刺朝下,取其由北向南進攻,冷氣團在冬季大舉南侵。地球在不同季節,觀察氣團動線,

因著地球公轉，上演著氣團攻防戰。

離開地球表面，從衛星雲圖俯視，氣流迅速交會互動，風即大展其「雲起雨落」之本領，畫面生動活躍，正呼應著五行相生中「金生水」的原理。

南方暖氣團，從春天開始復甦，由南往北方移，就像要收復冬日失土般，春日的暖空氣漸活躍，台灣天氣良好，於是北部、東北部海上形成台灣低氣壓，極地大陸高氣壓，伴隨冷鋒快速影響台灣，台灣地區甫好轉的天氣，又轉為陰雨，這是農家渴望的春雨，若依循農民曆紀載，年年如此，風帶來雨水，讓農民得以播種、耕耘、收成，養育芸芸眾生。

夏季農曆四月，在台灣上空的冷、暖氣團，形成短兵相接的滯留鋒面，呈現激烈拉鋸，戰鼓喧天，造成陰雨連綿的「梅雨」季節。台灣俗諺「小滿梅雨在本島，種植花木皆成寶」。意思是說：小滿節氣需要梅雨，若於此時種植花木或進行扦插、稼接，可加快成長速率，所栽植的花木，帶來豐收，讓人類如獲至寶！

讀來似乎簡單輕易，若是這樣的自然現象沒有順勢發生，沒有鋒面帶來雨水，旱災就會演變成夢魘，造成生靈塗炭。就如同西元 2015 年的台灣，因為許久不雨，造成限水、缺水的危機。雨水背後的風，沒人看見他，而其功不可沒。在前所言，『水』象徵著智慧、錢財、言語、情感，對庚金之人而言，帶來「水氣」的過程，就成為他們來到地球的重大使命。

鋒面，英文語彙 front，形容詞表示：「前面、正面」之意，名詞代表：「陣線、前線、陣地、場面」之意，動詞表示：「面對、領導、主持、替人掩護」之意，把這些字眼視為拼圖零片，逐一拼湊，可以窺見許多庚金之人的真實樣貌，庚金之人具有將軍性格，「泰山崩於前而色不沮，

黃河決於側而神不驚」，庚金之人常常讓自己不自覺地站在第一線，大軍壓境會親上火線，是危機處理高手；邏輯性強、理解力佳，具有好勝、好戰而不畏戰的精神、積極奮發的特質，可以成為一位先驅的領導者，在別人遇到危難時，他們會提供庇護。

庚金之人遇到困難時，他們會選擇面對、解決、處理，而不是丟下爛攤子。「敗軍之將，不敢言勇」，庚金之人更需要的是「屢敗屢戰」精神，在失敗時，檢討反省原因，然後重整旗鼓，再次出發，這就是庚金之人『大無畏』的精神。

其實庚金之人具備承受高壓力的潛力，因為風的流動，從高壓流向低壓，因此他們比較能面對壓力、被磨練與考驗。因此身為庚金之人的師長、父母，可以提供他們鍛鍊的機會，千錘百鍊、百鍊成鋼、才能「磨形煉性」。冶煉鋼鐵的過程中，必須用火燒製，透過高溫加熱，使物質更濃縮到純淨、堅韌的狀態。『淬』字是指鋼鐵鍛造時，當金屬燒到800度C左右會變紅，再浸入水中，增強其硬度，使之更為銳利。

從『淬』字中用心體會，在成長過程中被淬煉過的庚金之人，具有成為「倚天劍、屠龍刀」的機會，「武林至尊，寶刀屠龍，號令天下，莫敢不從！倚天不出，誰與爭鋒？」從這角度去思維，庚金之人的人生之旅，通常會面對非常多的挑戰，想要成為最好的一支上等寶劍，往往要經歷最艱難的考驗，這就是庚金之人要成就非凡生命所要付出的代價。

◎庚金之人的貴人是丙火之人【密碼5】及丁火之人【密碼6】

「風從哪裡來？」主要來自太陽照射，空氣冷熱不均勻，空氣流動讓「風」得以現身，而庚金之人【密碼9】就代表著風。在外太空中，太陽風是氣體或帶電粒子從太陽到太空的流動。我們已經知道了太陽對

應丙火之人【密碼5】，而溫度則與丁火之人【密碼6】有關，所以庚金之人【密碼9】的超級貴人就是丙火之人【密碼5】及丁火之人【密碼6】。丙火之人可以協助庚金之人補充能量、建立明確的目標；又因溫度可以增強風的動能，讓風開始流動、執行任務，故丁火之人能夠驅動庚金之人去執行使命。火的組合，可以助旺風勢。如蔣中正總統（丁火之人），把棒子交給他的兒子蔣經國（庚金之人），蔣經國在繼任總統之後，更發揮其長才，帶領台灣經濟起飛。

　　丙火之人【密碼5】與庚金之人【密碼9】之間，常常會有著兄弟般的情誼，一見如故的感受，像是馬英九先生（庚金之人）很器重金溥聰（丙火之人）。許多戀人、知己或是事業搭檔，也有不少是這樣的組合。

◎庚金之人　勢如破竹，是世界改造創新者
　　　　　　是世界進步背後的推手

　　在人類文明的演變中，『風』無形中擴張了運輸及人類征戰的範圍，風推動船帆，協助許多冒險家探索世界；風還能讓人類乘著熱氣球來趟小旅行，例如動力飛行船。風可以增加上升力，同時減少燃料，順風航行（tailwind）時，風從我們身後而來，借力使力，乘風破浪、推船一把，縮短了抵達目的地的時間。當年法顯和尚到印度取經進修完畢後，後來搭船欲返回中國，為了等待對的風向，足足在印尼等了好幾個月。

　　若是逆風而行（headwind），迎頭而來的風，減緩了船舶行進速度，無疑也會橫生許多枝節，代表挑戰在前方，這也暗喻著庚金之人【密碼9】在團體中，他們可以針對目標，執行並推動方案進展，讓有志之士同心協力，盡速抵達終點，完成目標。但若是違逆了他們的目標，在合作過程，你便會遇見庚金之人【密碼9】百般刁難，讓人不得不停下腳

步思考—與你共事的庚金之人【密碼9】到底心裡在想甚麼？如果是庚金之人【密碼9】本身立錯目標，就必須針對目標進行澄清及修正；但若是你自己搞錯了方向，庚金之人【密碼9】的逆風，可以協助你回到正確航道（方向）上。

現代世界各國發展風力發電，靠海的巨風，可以轉化成天然能源，具有強大的能量。由此可見，一群的庚金之人，若彼此設定了相同目標，同心協力朝目標前進，便可能吹起颱風、龍捲風，產生超乎想像的動能，勢不可當、所向披靡。

庚金之人是引領風潮的時代先驅，「江山代有才人出、各領風騷五百年」。他們在找到生命目標後，勢如破竹，風起雲湧，可以為大眾做出重大的貢獻，如：約翰藍儂，自己譜曲填詞，吟唱個人生活體驗，透過歌詞引領人們反思戰爭與和平，用音樂撞擊人心，引起廣大樂迷迴響，讓搖滾音樂呈現全新質感，開創樂壇新紀元。又如：蔣經國總統（庚金之人）推動十大建設，促使台灣經濟起飛，此外他還解除戒嚴令、開放報禁、黨禁、開放大陸探親，第一個反對黨也在其任內成立，讓民主有了大鳴大放的發展空間。他擔任行政院長時，除了自身清廉，還制定「貪污治罪條例」，規範公務員行為，嚴懲貪腐，在位期間全面革新政風，使台灣繁榮安定，對台灣貢獻良多。

◎庚金之人 適合出外打拼、從事國際貿易、衣錦還鄉

地球在南北緯三十度以內稱為『信風帶』，古希臘時代的商人發現，信風帶的風年年都有固定吹拂的方向，讓經商船隻可以找出對的時間，計算對的出海時機，增加運送貨物的安全性，這樣的風帶動了跨國貿易發展，所以又被稱為「貿易風帶」。從世界地圖去瀏覽這些緯度範圍內

的國家或城市，許多都是倚靠通商而大獲其利，如：新加坡、香港、上海、日本神戶。

只有遠颺的風，可以帶來飽滿水氣，滋潤大地。老是緊閉窗扉、密不通風的室內空間，空氣不流通，不利呼吸，也讓人易生疾病。同理，也只有遠行的庚金之人，可以迎向生命高峰，等到事業有所成，就能衣錦還鄉、榮耀父母、顯揚鄉里。庚金之人的父母可以讓他們從小多出外旅行，刺激他們的思維、擴大他們的視野，等到他們長大，可以鼓勵他們出國留學或是短期進修，這一些都能協助庚金之人整合他們自己。

庚金之人有許多從事國際貿易或金融業而成功致富者，像是索羅斯、巴菲特。既稱之為「信風」，所謂「土來生金」，地勢高低產生的溫度差又可助長風勢，自然庚金之人做起國際貿易事業，源自於「信」，即使在詭譎多變的商界，亦自當以信實為本。

風本就無國界之分，賺取的錢財不分國界，可來自世界各地，若是庚金之人有著無私奉獻之心，其獲利將難以計量。

離開故鄉、出外闖蕩、磨練過的庚金之人，處事自有大將之風。庚金之人真實內在裡躲著一個聰明、多變、機巧的孫悟空，也像是住了個湯姆頑童，思考上能跳脫傳統窠臼及藩籬，但卻極需要被培養照護，他們越是勞碌奔波，能量反而越是飽滿。若是父母師長不理解他們的本質，從小一昧打壓與限制，就會發現庚金之人的動力，隨年齡增長而逐步消退。

宅在家的庚金之人，內在的孫悟空已被壓制於五指山下，動彈不得，充滿苦悶，需要更多的「愛」方能釋放他們的創造勢能，愛是光、是熱，是丙火之人【密碼5】和丁火之人【密碼6】的熾熱與縷縷真情，是唐三藏對孫悟空的包容與循循善誘。身為庚金之人的雙親父母、主管或親

密愛人，焉能不善加把握這箇中門道！

對於那被釋放而出的齊天大聖，我們又當怎樣唸誦制伏他的緊箍咒呢？

提醒他們「目標、目標、目標慎莫忘」，因為這非常的重要，所以必須說三次，這樣一來，他們就會快速回魂，Yes，sir。跨大步、邁向前。

◎庚金之人 說話表達直白、容易被人誤解、需學習迂迴之道

如果地球是個均質體，地勢沒有高低起伏、沒有自轉、公轉，風就會直線飛行，但偏偏現實狀況是：地球有高山、有平原、低谷、有著自轉、公轉。行星風系在南北半球不同緯度，順應地球環境，北半球的風會往右，南半球的風會往左。其實風的慣性是走直線的，但是外人看起來是偏離的。庚金之人【密碼9】如風，說話速度極快、思考與言語同步轉出去，有時速率快到讓人難以跟上或理解，庚金之人【密碼9】自己卻無法察覺。在溝通上常常想走捷徑，可是對方卻不買單，於是不時發生溝通誤解的現象。

庚金之人時常自認他們已經表達得非常精準正確，地球存在著科氏力，轉動中的兩人，一個拋球給另一方，明明直線丟出去，對方卻怎樣都接不到球，「雞同鴨講」常常讓庚金人得不到好人緣。

此外，庚金之人容易固執自己行進的角度及視野，認為自己看到的是全貌，就像正在往北吹的風，不知道風也可能往東邊吹，所以常因為堅持己見而造成口水戰。。

風的英文是 wind，動詞代表「圍繞、轉動、蜿蜒、喘氣」，名詞則有「彎曲、呼吸」之意。再次將這些文字零片組合，會發現風的內在與外在的矛盾之處，風的移動路線與最初生成時的方向竟然相異，熱空氣

先向上，冷空氣補入空位，風盤繞而生，再往同一方向奔去。庚金之人有時充滿行動力，卻又不時會出現裹足不前、原地打轉的現象，遇到難題時，流露出大喘氣的困惑模樣，動彈不得，好似被綁住的風箏，只能小範圍移動。

wind 當名詞時亦有「腸胃氣脹、屁、空談、廢話、氣味」之意，迷失方向的風，懷憂喪志，喜歡不斷回憶往事，拚了命提起當年勇。wind 的動詞亦有「風聞、發現」之意，他們容易敏銳地感知大環境趨勢，甚至會開始空談許多未來的規劃，乍聽之下有模有樣，充滿美好前景，讓人躍躍欲試，但仔細評估，外人卻會發現是「吹噓、膨風」居多。

除此之外，wind 當動詞，還有「轉上發條」之意，庚金之人需要自己及旁人替他們搖旗吶喊，丙火之人【密碼5】和丁火之人【密碼6】這二位大貴人，就頗適合以天使之姿，優雅降落在庚金之人的身邊，鼓勵他們上緊發條，勇敢向前。

風水學上，喜歡藏風聚氣，「喜迴旋忌直衝」，如果是在庚金之人身邊，與庚金之人觀點相似或接近，互相呼應、一搭一唱，就會越聊越開心。但是如果與庚金之人唱不同調，就會發現他們飛鏢噴射而出，咄咄逼人，讓人應接不暇、難以招架。

庚金之人處理事情節奏明快、決斷力強，但在溝通的時候，其實不適合太心急，要懂得迂迴之道，觀望分析對手性格，迂迴而上才是醞釀風勢的上上之策。

美國有個知名的「威克效應」實驗，康奈爾大學的威克教授把一個玻璃瓶平放在桌面上，瓶底朝著有亮光的窗外，瓶口打開朝著室內，開口沒有被蓋上，再放入幾隻蜜蜂，奇怪的事情發生了，瓶中蜜蜂朝著光亮處飛去，不斷在瓶底尋覓出口，一直「撞壁」，無數次之後，蜜蜂認

定飛出無望，躺在瓶底悲嘆，奄奄一息地宣告投降。於是教授救出了蜜蜂，再將瓶子照原樣擺放，這次換成放入蒼蠅。不消多久，蒼蠅卻快速全數飛出瓶口，為何如此？

原來蒼蠅選擇多方嘗試，上、下、左、右、向光、逆光，此路若不通，便轉身離開。這個實驗呈現了兩個極端的庚金之人，一股腦往死胡同裡鑽牛角尖的庚金之人，好比是沉溺在情感漩渦中的紅男綠女，以為死纏爛打，深愛著對方，噓寒問暖，三餐問候，不信真心會換絕情，但執著的結果，卻像出現在台灣海峽最狹窄處的新竹九降風，其風勢駭人，但愛情若如米粉被吹乾，毫無水分，也只能乾枯凋零了。選擇積極行動的庚金之人，先求找到活路，讓自己有了重新出發的機會，放下對情感的執著，跳出瓶頸之後，海闊天空，找到風自由的空間，心靈得到自由後，才容易用客觀角度，扭轉沉痾已久的感情劇本。

◎庚金之人　風也暗喻災難，要審慎處理內在及外在風暴

＜靈樞篇＞：「風從所居之鄉來者為實風，主生，長養萬物。」風可略分為正風與邪風，能促進萬物之生長與運動，通常無害處的是「正風」，但若風氣過盛，或時節不對，乃至趁人體正氣虛弱時，就會侵襲人體而致病，即所謂的「邪風」。

＜素問篇＞：「風者，百病之始也。」風可以與多種邪氣結合，風與寒結合就形成風寒；與濕結合則形成風濕；與熱結合就形成風熱。

＜黃帝內經・刺法論＞中，黃帝問岐伯：「與五行木、火、土、金、水有關的疾病，容易互相傳染，要怎樣避免感染？」

岐伯曰：「不相染者，正氣存內，邪不可干。」。意思是說：「因為人的抵抗力充足，外邪及病毒就無法入侵。」中醫學理將風邪定義為

外界環境致病因素，<醫方考 · 中風方論>曰：「風者，百病之長，得天之象，故其發也暴。」意指風邪發病快、變化多、侵犯部位較廣、無處不到。

就連繪本<百物語>，日本書籍中的風神也被貼上邪氣標籤，天氣時冷時熱，風邪之神乘虛而入，逢人便吹出黃色氣體，人類一旦吸入即刻發病。同時描述與中國黃土地帶飄來的黃沙有關，暗示因風而起的疾病。庚金之人的內在正氣，可以提供他們身體極佳的免疫力。國父孫中山先生說：「養天地之正氣，法古今完人」。文天祥也說：「天地有正氣，雜然賦流形。下則為河嶽，上則為日星。於人曰浩然，沛乎塞蒼冥。」

當庚金之人懂得樂善好義，如孟子善養浩然之氣，凡事無愧於心，身心靈自然就會體驗到輕安、喜悅之感，身體宛若銅筋鐵骨般健壯。若庚金之人時常感冒、病痛不斷，也許該回頭檢視自己內在的狀態，看看是否對自己及別人過度嚴苛？是否可以多做一些利己利眾之事？像是走到戶外、捲起衣袖、當志工、做公益，這會讓庚金之人的心自動乘風遠颺，海闊天空。

庚金之人同時也象徵著「白虎」，「白虎」統轄西方，好殺，主掌兵戈、殺伐、爭鬥、疾病、死喪於道路。因此風也暗喻著災難、考驗，就像『焚風』會引發嚴重的森林大火，但北美冬天積雪深厚的洛磯山，當地人把焚風稱為「吃雪者」，春天的焚風，讓冬雪融化成水，大地青草冒出頭，讓牛羊有鮮嫩之草可吃。故災難的背後有時隱藏著恩典，與庚金之人【密碼9】的人生歷程及性格也息息相關。

「風切」是風速或風向在空中水平或垂直距離產生了劇烈的變化，像把銳利的「風剪」，也像隻在暗處虎視眈眈的白虎，低空風切嚴重，會威脅著飛機起飛和著陸。西元 2009 年聯邦快遞 80 號班機，在日本的

成田機場，因正副駕駛無視塔台提前警告『風切變』，堅持降落，造成機毀人亡憾事。

此外，還有好幾條圍繞著地球的高速氣流帶，稱為噴射氣流，強大而狹窄地聚集在對流層頂，綿延上萬公里，高速氣流附近也會產生巨大『風切變』，此即搭飛機會遇上的「亂流」。這現象也存在於庚金之人的身上，當他們內在的和諧氣流產生劇烈變化時，有時會像瘋狗一樣，無預警地暴怒咬人，傷害人際關係、家庭和諧，甚至在衝動之餘做出悔恨終身的決定。好比未考慮周全，便率性選擇結束婚姻，或是與家人因見解不同而互嗆老死不相往來，。

三國時代的張飛將軍，脾氣素來暴躁，對其統御的士兵卻又極嚴苛。劉備不時勸誡他：「你用刑過度嚴峻，又曾殺錯兵將，常常鞭打犯錯的下屬，重罰過後卻又將這些人安排在身邊，毫無防備，有朝一日必惹禍上身。」，果真日後張飛將軍被積怨已久的士兵所殺。

＜三國志、蜀書＞：「羽善待卒伍而驕於士大夫，飛愛敬君子而不恤小人」說明關羽將軍和張飛將軍的差別，關羽善待手下士兵，對社會高階人物比較輕忽；然而張飛卻相反，他不懂得體恤低下階層人物，才會嚴懲他們，甚至不認為這有何不妥，渾然不覺軍官譬喻成白虎煞星，他竟養眾虎貽患，不知危機就在身邊。

庚金之人的夥伴情誼，建立在同袍之間的患難與共之情，「有福同享、有難同當」，找到「義結金蘭、志同道合、刎頸之交」是庚金之人深層的渴望，但是「要怎樣收穫」，別忘記「先怎樣栽」，要由自己先付出，善待別人做起。

因為庚金之人有這樣情緒暴走的「風切」特質，往往一不小心就「切掉了愛」。偏偏風又來無影、去無蹤，當身邊人還在為傷口止血、包紮，

庚金之人這廂已成了無事人。風具有「掃除障礙」的特質，常常二話不說吹掃過去，戰火已然四處蔓延而不自覺。庚金之人快言快語，思考及決斷力快速是優點，不過容易欠缺周延。自然現象中的飛沙走石、沙塵暴會影響空氣品質，也常對應到庚金之人與人互動的關係，各自堅持、模糊問題焦點。

因此在庚金之人的『風切效應』之後，「懂得認錯」及「災後修復工程」是必須付出的代價。庚金之人習慣於捍衛自己的觀點，常忽略了人與人之間的感情是沒有輸贏及高下之分的，有句英文諺語「寧願贏得和平而輸掉戰爭」。

庚金之人的內心時常在「對與錯」、「黑與白」不斷的交戰，庚金之人今生藉由反覆挫折的淬鍊、重新站起，讓自己從剛烈、急躁慢慢走向柔和、有耐心，調整到「剛柔並濟」，擁有溫柔又不失堅毅的「金剛心」。西元 2015 年的巴黎恐怖攻擊，因為信仰、政治立場不同，幾百條生靈猝然離世，除了哀傷，庚金之人可以發揮更積極的力量，那就是停止對自己及他人的批判，獻給這世界更多祥和之氣，每個人可以先從改變自己的家庭氣氛開始，這樣的投資，可以改變下一代未來的家庭氛圍，擴及到改變一個社區、乃至整個城市、整個國家。

◎庚金之人 重視節操與風骨，留取丹心照汗青。

老歌＜每次都想呼喊你的名字＞中關於風的描述：「微風吹動你的髮梢，就像風的線條，總是在我眼裡顫動」。可知：風本身無形無質，總是要藉由其他東西來展現。雖然你抓不住風，但人們總心儀於風的線條，於是有了許多和風有關的優美形容詞，如：「風流倜儻」、「風姿綽約」、「風情萬種」、「王者風範」、「風格獨特」等。「風骨」更

用來指人的品格剛正不阿，具『風骨』者，如同關羽的『富貴不能淫、貧賤不能移、威武不能屈』大丈夫的作為，追求的是人生價值的實現，而不會開出價格，賤賣個人理想。

　　風骨與節操是庚金之人的課題，因為風本來就多變，故庚金之人容易「變節」。能夠讓庚金之人堅持到底的關鍵，就在於前面反覆提起的「不斷自問人生的目標何在？」

　　「建立個人風範」是他們此生得以無憾並無愧於心的選擇。因為庚金之人天生帶有正氣，在地球上各角落裡，他們也兼有「端正風氣」的使命。雖說「世風日下，人心不古」，國家社會在年久月深後，總是會積累不少問題，「歪風不可長」，因此庚金之人帶有強大整頓風氣的能力，像是企業組織遇到「風紀敗壞」的問題，庚金之人便是那拿著大刀闊斧、如猛虎出閘，進行創新變革的最佳人選。

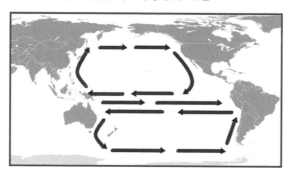

　　庚金之人很適合時常拿世界地圖出來自勉，看看洋流圖、衛星氣象圖、行星風系圖，去憶起今生的使命與任務。因為地球的大江大河就在風的腳下，風（庚金之人）與水緊緊相繫著，本來就容易掌有財富之權，「盜」與「義」，有時就常在庚金之人的內心拉扯著。「盜」字象形本義：覬覦別人所有，流了滿盆的口水，甚至想直接偷盜而來。最明顯的例子

是：明成祖朱棣（庚金之人），起兵造反搶下侄兒的江山，貪圖他人既有的功成名就，也是庚金之人在生活中必須自我檢視的心態，明成祖雖創下永樂盛世，但多疑好殺，將建文帝親信一一滅門，冤殺無數大臣，甚至死後讓妃子及無數宮女為他陪葬，盜竊而來的功名利祿，總有損耗殆盡的一天，黃土一坏、蓋棺論定後，空留「不仁不義」、「忘恩負義」的臭名。

反觀關羽，張遼以保全夫人、不背桃園之約，並可留有用之身加以勸說，關羽為保劉備妻小平安，於是與曹操約定好一降漢不降曹，若得知劉備下落，便即刻求去。曹操雖百般禮遇，厚贈無數寶物，關羽皆轉給兄嫂，接受了赤兔馬，也只是為了尋劉備之用。關羽應曹操所請，斬袁紹手下顏良、文醜，立下大功。此時他恰好得知劉備下落，屢次想向曹操辭別，曹操故意閃躲，關羽於是封金掛印，自行護送兄嫂離開，因為沒有曹操的放行公文，沿途重重險阻，他選擇「過五關、斬六將」，一無所懼，曹操見他去意堅定，只好連下三道放行公文，此後暢行無阻，後終與劉備重逢。關羽利益當前，不為所動，赤壁一戰，曹操敗逃華容道，他奉孔明之令把守華容道，因曾受恩於曹操，不忍曹操慘死刀下，於是義釋曹操，純然是重情重義的庚金指標人物。

庚金之人非常特殊，當他們心懷大愛，便能為自己找到未來水源的儲水槽，只要將水龍頭扭開，清淨之水便會汩汩流出，那豈是侵占他人而承接的腥臭口水所能比擬的！

◎庚金之人 是傳遞思想種子的清風、對於言語要小心求證

當『風』長期往同一個方向吹，海水受風向影響，於是也朝著固定方向流動，產生了洋流，然後影響了沿岸陸地的氣候，溫暖的洋流為嚴

寒的挪威帶來漁產，更讓北國擁有不凍港。台灣西南部的烏魚潮，順著黑潮支流而來，讓漁民得以口袋飽飽過好年，風可以這樣影響水資源流動，因此庚金之人在金錢、情感、智慧、語言表達方面，都有前導作用。

「風聞」某些事件，庚金之人敏銳度極高，會迅速根據所聽聞到的話，片段推理他們自以為的「真相」，但很不幸地，「空穴來風」加上「捕風捉影」只是編劇手法，再加上庚金之人自我詮釋後，會出現許多「瘋言瘋語」，就像風也可能成為病媒，散播流感病毒，於是製造了不必要的口舌是非及糾紛。

庚金之人容易因為缺乏求證，而對他們的親人或夥伴產生誤解，如果真的愛惜親朋好友，庚金之人要切記—給自己一個求證的機會，也給別人一個澄清的機會，否則「看一個影，生一個子」，切斷關係的痛苦，會如幽靈般，晝伏夜出，時常啃噬著庚金之人。像是紅顏薄命阮玲玉（庚金之人）留下四個字「人言可畏」，若是當年的她，身旁能有貴人適時提點，凡事多求證、確認，並且停止內在自我批判和攻擊，才華洋溢如她，當可以再為這世界留下多少美好的演藝作品！

面對言語，「隱惡揚善」是庚金之人可以參考的態度，透過風，氣味隨風飄散，如果口出惡言，無形中傷人無數，所以要留心觀察自己在言談中散播的甚麼？是祝福？還是詛咒？但是不要忘記，地球是圓的，對別人所做的一切最終都會回到自己身上。

自然界的風對植物而言，無比重要，風散播種子，無遠弗屆，夏日的木棉花種子，搭上風的便車，漫天飛絮飛越千里之外，即使是看來隱密的室內，都能找到細小種子的蹤跡，非常活出本質的庚金之人，像是發達的資訊收發站，透過他們可以取得很多需要的資料，彷彿他們與谷歌大神（google）特別有私交，正如神祇風伯可「掌八風消息，通五運

之氣候」。

「聖靈」二字，在景教最初傳入中國時，從其意義翻譯為「涼風、淨風」。基督新教則翻譯成「聖風」或「神之神風」。希臘人認為「氣」是生命的象徵，沒了氣就失去了生機，缺乏衝勁。

庚金之人具有天啟的前瞻性，能為時代激盪出新思想，孔子（庚金之人）是春秋末期的教育哲學家，五十六歲才帶著學生周遊列國，十四年中屢屢被拒，雄心依舊、不改其志，修〈詩〉、〈書〉，定〈禮〉、〈樂〉，詮釋〈周易〉、作〈春秋〉，孔子的儒家德性論，仁義禮智信五行思想及學說，對後代有深遠影響，他的思想種子已遠傳至朝鮮、日本、亞洲各地，連西方世界也以孔夫子（Confucius）來尊稱他。

庚金之人必須歷經千辛萬苦來傳播花粉，為後代子孫留下種子，來完成傳承生命的使命。例如動畫大師宮崎駿，他認為一人生有逆風，但永遠不要放棄希望，他的動畫世界，保有童心，無限馳騁其幻想力，傳達希望、溫暖、積極主動，不正是標準活出自己的庚金人嗎！？他的作品將歷久而彌新，永為世人所珍惜讚嘆。

◎庚金之人 創作的命運交響曲，衝出波瀾壯闊的勝利主題

貝多芬（庚金之人）一生坎坷、充滿挫折，他的生命歷程讓人不忍卒讀。童年時，父親是一位酒鬼，長期對他施虐家暴，又期待他成為莫札特第二，逼迫他表演，唯一能寬慰他的母親卻又早逝。成年之後，感情路不順遂，緊接著耳朵失聰，音樂家失去了聽覺，形同被判處了無期徒刑。

「天將降大任於斯人也，必先苦其心志，勞其筋骨，餓其體膚，空乏其身，行拂亂其所為，所以動心忍性，增益其所不能。」他有太多日

子過不下去的理由，然而這些的挫折並未打倒他，反而成為他人生與創作的養分。貝多芬熱愛大自然，常利用散步蒐羅創作靈感，他的靈感常不請自來，在大自然的懷抱中、樹林裡、夜闌人靜、破曉時，隨時隨地應景而生。在他心中化為音符樂章，因著大自然療癒，貝多芬天分持續發光，將天啟之音、遍灑人間，他所創造的田園交響曲，細細聆聽，充滿他對大自然的聖潔感恩之情，是舉世聞名之作。

對庚金之人而言，考驗越多，就越具有強大的成就能量，正如貝多芬一樣，進而創作出屬於自己、獨一無二的「命運交響曲」。

佛陀曾說：「戰勝你自己。」戰勝自己比起贏得數千場戰役更加重要，因為這勝利將真正屬於你，這勝利無法被你自己奪走，就連天使、惡魔也無法奪走，即使是天堂地獄也奪不走這樣的勝利。

◎庚金之人 天地一沙鷗、大鵬鳥展翅高飛

李察・巴哈的暢銷作品『天地一沙鷗』，藉著一隻海鷗激勵人們要勇敢實現理想，強納森為了學習飛行，面對家族的強烈反對甚至被驅逐，依然無所畏懼，為了完全發揮潛力，日昇到日落，無止無休地練習著空中盤旋、翻轉、急速俯衝、瞬間騰空，無怨無悔面對挑戰，因為他不甘於只是當隻平凡的海鷗，他反而成了鷗群中的異類，群體裏的海鷗叮嚀他—海鷗飛翔是為了捕食，他卻認為飛行是為了突破自我，為了理想與目標，他忍受譏諷與寂寞，踽踽獨行，後來成功寫下屬於他的傳奇。

在被夥伴排擠忽略的過程中，他又遇見其他貴人，在長老海鷗離去前，要他開始學習向上飛，去理解慈悲與愛的意義，這過程，讓強納森最終願意帶著喜悅之心，從天堂飛返地球，協助那些在生命中迷航的海鷗夥伴，帶領他們尋覓生命方向。杜甫旅夜書懷：「細草微風岸，危檣

獨夜舟。星垂平野闊，月湧大江流。名豈文章著，官應老病修，飄飄何
所似，天地一沙鷗。」

　　這個故事與＜莊子＞的＜逍遙遊＞，跨越東西方時空，卻有著異曲
同工之妙。＜莊子＞裡的寓言故事「鯤鵬之喻」：在北方遙遠的大海「北
冥」，海中有魚名為「鯤」，好幾千里大，在水中是「魚」，卻又能變成「鵬
鳥」，背也長達好幾千里長，一旦凌空翱翔，雙翼開展如飛雲。北海大
鵬鳥的目標是飛往天涯海角另一端的「南冥」，一個深不可測的「天池」，
飛行了六個月不停下來休息。「鳥乘風飛，而不知有風」。風的象形字，
假借為「鳳」，代表大鵬鳥翱翔空中的憑藉，暗喻飛翔在天空的氣流。

　　「水擊三千里，搏扶搖而上者九萬里」，指的就是大鵬鳥拍打海水、
憑藉著旋風往上直飛的豪壯景象。「燕雀安知鴻鵠之志」，正如燕子、
黃雀無法理解大鵬鳥的壯志，其他人通常也無法了解庚金之人的凌雲壯
志。庚金之人內在有著崇高的夢想，只是容易在成長過程中失落了，要
如何完成自己的夢想，如大鵬展翅高飛，是庚金之人該去好好思索、努
力的課題。

　　蘇格拉底說：「世界上最快樂的事，莫過於為理想而奮鬥。」飛得
最高，看得最遠。就如同電影三個傻瓜主角所說：「人並非追求成功，
而是追求卓越，那樣一來，成功自然會追著你跑」。

　　『目標』就是庚金之人的力量泉源，聖靈降臨如風，彰顯祂的大能
與引導，聖靈是看不見的風，如白鴿般輕柔，歷經各項試煉的庚金之人，
轉化其原本的急躁之氣，成為神在世間的榮耀。庚金之人要讓自己始終
如盤旋而上的風，活到老、學到老，保有好奇學習之心。

◎庚金之人 空中的夢想家，落實理想、點石成金的魔法師

　　西元 1974 年孟加拉遇上大飢荒，死亡人數超過四百萬人。諾貝爾和平獎得主尤努斯，當時剛從美國取得博士學位，懷著滿腔熱血，想將經濟理論帶回祖國，不料觸目所及竟是同胞身陷水深火熱中，災民面無表情、坐以待斃。他走入鄉間，發現貧困啃噬著每個家庭，他們跟財主借高利貸，墜入惡性循環，卻越變越窮，每天辛勤工作，扣掉償債後，只剩 25 分錢，他實在無法想像，在經濟學家角度裡，他們是以百萬美元為單位思索貧窮問題，但生活於底層的同胞，每天真的只能圖口飯吃，他原本那般著迷於經濟學理論，但望著飢荒中的村民逐步死去，他卻束手無策，因而產生無法言喻的大悲心，讓他從教授之夢中驀然醒來，像是情不自禁地被吸進另一個「救貧大夢」，他縱身躍入而且全力以赴，於是放下課堂理論，捲起衣袖、走入農村。不再以踞高的態度看待貧窮，而改採平視爬行姿態，慢慢契入貧民的悲慘世界，企圖藉由行動找出能真正解決之道。

　　庚金之人在人生的路上，沿途都需要為自己設立目標，就像尤努斯希望貧窮屬於博物館，想讓地球貧窮變成歷史名詞，於是他發揮了庚金之人的創造潛能，從西元 1976 年開始，他首次有了借錢給窮人的想法，構思了前所未聞的「微型貸款」，十個月後，即知即行、付諸執行，起初沒有任何銀行支持他的想法，由於窮人缺乏抵押品，他只好以自己名義作為擔保，再轉貸給貧民。數年之後，終於自己成功創立了鄉村銀行，幫助了無數的窮人，尤其他在回教國家推廣借貸款項給婦女，更是創舉，這些女性從未碰過錢，無法相信竟有人願意借給她們一筆錢。協助她們從無到有，一點一滴努力累積改善生活環境。他不選擇直接捐款，而讓村民互當保人，透過彼此凝聚力，提升他們的榮譽心及責任感，避免村

民不勞而獲心態，明智地選擇提供同胞釣竿，進而教會他們釣魚，因為如果只是提供捐款，就像免洗碗筷，只有一次使用機會，之後他還要耗費更大精力去募下一筆款項，回首這幾十年的歲月，他談起自己天命，當時只是一心只想著，每天就做一件小事，但每天都堅持做就對了。這樣的持之以恆、堅忍不拔的精神，其實是鍛鍊庚金之人性格的最佳方式。

從尤努斯推動窮人銀行至今，扭轉了一億人的命運，包括印度、南美、非洲、東歐等地成千上萬的家庭脫離貧窮。跟他們借錢的人，幾乎世代都是文盲。於是他發願讓這些家庭的孩子都能受教育。但他認為現在的教育過度強調「求職導向」，只準備讓孩子完成學業後，去找別人給的好工作，卻沒有讓孩子準備好，去找出自己這輩子要成就什麼，沒有教導孩子如何尋找夢想，並進一步去創造和實現自己的夢想。

『風遇水則止』將智慧水帶至人間的庚金之人，完成今生使命後，會呈現風平浪靜、波平如鏡的平靜祥和之感，就像赤道無風帶，因為對流旺盛出現的果凍海美景，讓身邊人充滿幸福與感恩，也象徵著庚金之人生命旅程的圓滿。

對於庚金之人而言，＜牧羊少年奇幻之旅＞一書中，耶路撒冷老國王默基瑟德（Melchizedek）對牧羊少年這麼說：「當你真心渴望某種東西時，整個宇宙都會聯合起來幫助你完成」。

＜聖經＞中的五金，有著特殊意義：鐵是代表政權，銅是代表審判，銀是代表救贖，金在聖經裏是代表神的榮耀。「神的榮耀」就是祂彰顯的權能，不斷行使「奇事、異能、神蹟」。庚金之人能成為創造奇蹟、點石成金的梅林魔法師。

或是如同約翰藍儂所說：「獨夢之夢，僅是空想，眾夢之夢，顯化成真」，庚金之人是否已找到你今生想要完成的夢想？是否找到可以一

起追夢的夥伴？是否可以築夢踏實？如果你大聲地回答了「是的」，那請收下來自全宇宙最深的祝福。

對於庚金之人，謹獻上張惠妹的這首歌＜空中夢想家＞

I'm a dreamer on air.　我是空中的夢想家，

Dreaming on air with you　．正在空中與你同作夢，

空中的夢想家，每個人都有一個夢，才不會孤單的說話。

每個人都有一個家，才不會在夢裡害怕，

找個人說說話，不管秋、冬、春、夏，

只要有夢，就有天堂。

◎四季之中的庚金之人

‧春季之風（民國２９年、民國３９年、民國８９年、民國９９年出生者）

春初之風（民國３９年、民國９９年出生者）：初春的寒風，環境惡劣，在艱困的環境中奮鬥而出，可創造大格局。例如：郭台銘、貝多芬。

春末之風（民國２９年、民國８９年出生者）：剛開始醞釀的暖風，比較缺乏果斷力，外表看來剛毅，但內心畏縮，有時會自以為是，需要學習謙卑，才能帶來好運，例如：約翰藍儂、宮崎駿。

‧夏季之風（民國１９年、民國７９年出生者）：為溫暖的風，純真、沒有心機，講多做少，會有虛幻不實的想法，有時即使知道錯了，卻仍然會繼續做下去，為思想派、容易猶豫不決，要具體拿出行動力，才容易成功。

‧秋季之風（民國９年、民國５９年、民國６９年出生者）：秋初之風（民國９年、民國６９年出生者）：秋季颱風，常憑自我感覺行事，

容易與人發生爭執，把氣氛弄得緊張，有時會一發不可收拾。情緒容易陰晴不定，要懂得順勢而為。

　　‧秋末之風（民國５９年出生者）：為山上冷風，可以為所欲為，所以面對事情會做出一些損人利己之事，在破壞中得其好處，盛氣凌人。他們是很好的執行者，要依正道而行，親賢臣而遠小人，例如：蔣經國。

　　‧冬季之風（民國４９年出生者）：為冬季的冷氣流，求勝、不服輸、好表現、口語表達能力強、喜創新、行動力強，容易仗勢欺人而不自覺，喜歡掌控他人，要避免因理念不同而引起糾紛。例如：關羽將軍、明成祖朱棣。

【靜心時間】

【鳳】即是庚風【登峯造極】之意

鳳，從凡從鳥，是指風從【巳】處吹到【酉】處。

而酉地正是庚風的帝旺之處。既是帝旺，則風勢浩大，一呼百諾，如群臣響應來朝，所以有「百鳥朝鳳」一詞。

庚金之人，是否願意達到那【登峰造極】之處？

Phoenix Center

【第八節】　成功的第八把鑰匙：
　　　　　　辛年生者【密碼0】

　　「辛」，以民國紀年，農曆出生年分尾數為0的人，其天干就是辛，例如：民國１０年、民國２０年……等出生的人，男女皆同。稱為【密碼0】

> 爭訟澈辯腦雲煙
> 蕭瑟渺沓意還原
> 雨落霾散天光授
> 慎言成就助比肩（李太白粉）

◎辛年生者：洗心革面光明到，放下屠刀成佛來。

　　古今知名人士如：伊隆馬斯克、朱立倫、王如玄、陳建仁、王金平、張忠謀、林義守、歐巴馬總統、安藤忠雄、黛安娜王妃、酒井法子、奧修、金正日、黃鶯鶯、張藝謀、張菲、范冰冰、亨利八世、日本昭和天皇、法拉第、乾隆皇帝、光緒皇帝、雷根總統等。

辛　爭訟澈辯

農曆出生年分尾數為 0 的人代表雲霧、大氣層、冷空氣、成器金屬（如金飾）、豐收果實。

對於辛金之人而言，因為對應到已經「成器金屬」，所以辛金就被類化金飾物品，「珠光寶氣」意味著他們通常與生俱來的條件不差。「雲想衣裳、花想容」，無論是外貌、能力，皆頗具吸引他人的魅力。如果戊土之人【密碼 7】如聖母峰，渾身散發著凡人不可侵犯的貴氣，那辛金之人【密碼 0】在大自然界中對應著大氣層及雲霧，在更高的位階上，物質界的辛金之人【密碼 0】，又是讓人目眩神迷的金飾珍品，就像宮廷皇太子或王室公主，含著金湯匙出生，具有不可一世的貴族之氣。

但弔詭的是辛金之人對應於中國文字裡的「辛」，造型如古代刑刀，將犯人做了標記，<說文解字>云：「辛，大罪也。」段玉裁註釋：「辛痛泣出、罪人之象。」「辛」的象形文字說明了辛金之人宛如犯了罪，自天界墜落的天上謫仙人或落入凡間的精靈。如果他們想要邁向自我實現，完全發揮先天能力及條件，必須深刻經歷「辛苦」、「千辛萬苦」、「含辛茹苦」、「辛酸」，人生的「酸、甜、苦、辣、鹹」，盡皆嚐遍。

<史記律書>：「辛者，言萬物之辛生，故曰辛。」。<律曆志>曰：「悉新於辛。」「辛」與「新」畫上等號，被認為有「收成」之義。「毀滅與重生」常是相伴而生。就像是台灣在 921 地震中，中、北部四處可見屋宇頹圮，為了大幅提升建築結構的安全，政府嚴格修正了建築法規及建築技術規則。

<尚書・洪範>：「金曰從革，從革作辛。」在萬物衰敗之際，一切從新開始，自然萬般辛勞，由此顯見，辛金之人的生命，勢必在毀滅

與重生的主軸中發展，從潛意識無法抑遏的自負特質，體會到真實生活中的點滴艱辛，每一步軌跡，也許「步步驚心」甚且「步步驚魂」，但走趟驚險之旅，卻又串聯成辛金之人成仙歸鄉的道路。就像印度的濕婆神是毀滅之神，也擔當創造（轉化）的職能，是印度民眾最敬畏的神，這辛金之人實與這偉大的濕婆神心心相映啊！在「毀滅與重生」之中渡化眾生。

大氣層的範圍約在地球表面上方一千公里內區間，大氣層是雲霧的家，雲高高飄然於空中，霧則渺渺行於地面低處，大氣層是地球的保護罩，如果沒有大氣層，地球無法成為適合人類居住的星球，而是像火星及月球那樣寂寥冷清，所以辛金之人【密碼0】雖然不似庚金之人【密碼9】外在剛毅，但他們依然有著保護家人、夥伴的特質，若敵人侵犯到他們的「領空」，也會搞到「玉石俱焚」，他們以不同的方式施展發揮「義氣」。

◎辛金之人 自我轉化還原，化為智慧之水而循環不息

雲乃順應地球上的水循環而生，太陽閃耀，地球表面吸熱，水蒸發為水蒸氣，水氣過度飽和，水分子與微塵相遇，空中細塵、鹽粒都算是凝結核，在高空中冷卻凝結後，產生了水滴或冰晶聚合體，變成我們肉眼可見的雲朵。當它們到達飽和狀態，就會降雨到地面上，開始新的水循環旅程。

天際雲朵，無論朗朗晴空中，或是夕陽西下時，雲彩美麗奪目、讓人不禁駐足仰望，辛金之人內心中喜歡酷炫、成為風雲人物，他們極重面子、希望時時得到掌聲及他人艷羨目光，雲在高空的舞台，彼此競逐。一開始雲朵互相良性競爭、各自展現，可萬一出現了眾望所歸的絢麗雲

彩，高下成敗顯現，辛金之人反而會有「成者為王，敗者為寇」的心態。

　　＜莊子、天運篇＞：「天氣下降，地氣上騰，所以為雲為雨，但不知雲為雨乎，雨為雲乎。如此設問，豈不奇特。」古代哲人何其聰明，知道雲和雨之間的奧妙關係。雲將自己化為水，對辛金之人而言，代表今生要轉化為智慧之水，正確地認識自己，不只是打高空，或是迷失在內在無法解釋的莫名光環中。他們有時會難以調適夥伴比自己優秀，覺得自己才該是最優的那位，於是產生了「瑜亮情節」，更加想贏過對手，內心深處，被自己的心思綁住了手腳，彷彿參加百米賽跑，他們除了往前跑，還非常在意個人排名，所以分心、左右張望身旁對手狀況，看到他人逆轉勝、超越了自己，內心便失去平衡，饒恕不了自己，心裡不斷咒罵自己「失誤」，才導致失常，發出「既生瑜，何生亮？」的感嘆。有金特質的庚金之人【密碼9】和辛金之人【密碼0】都有很強的好勝心，這兩個密碼對人事物的批判性也都比較高。

　　庚金之人【密碼9】是風、是寶刀，勝敗乃是兵家常事，一陣風吹過就忘了。辛金之人【密碼0】是停滯的冷空氣，容易執著於失敗，甚至因負面感受而裹足不前。家境小康或富裕的辛金之人，童年即會不經意飄散驕氣，容易有「公主病」或「王子病」。其實他們並沒有惡意，就如當初晉惠帝聽到天下飢荒、百姓餓死，他直白回應：「何不食肉糜？」晉惠帝是生長在皇宮哩，根本不知民間疾苦，窮人連米飯都沒得吃，又哪來煮爛的碎肉可食用？

　　辛金之人【密碼0】的地球旅程，要學習用正確的觀點看待生命，體驗種種人間疾苦、進而為他人消弭痛苦，為自己及世界帶來智慧之水。

◎辛金之人　情緒多變、性格多變、人生多變。

任何時候，隨心所欲仰望天空，都能看見白雲片片，只是花越多的時間觀察，你就越有機會見識到雲兒變化無常，久遠以前的文藝愛情片「我是一片雲，天空是我家。」不管天空或是大氣層，都散發著美麗與未知。

「白雲蒼狗、世事無常」一霎時是讓人想親嚐一口的棉花糖，一霎時卻又變成一隻張口獅子，如此沒個準，讓人難以捉摸。因此辛金之人的性格與人生，情緒容易起伏多變，人生就如天空舞台的雲朵，永遠不知道下一幕演出怎樣的劇碼，充滿變數。雲卷雲舒、夢幻之餘，卻又像是大氣層一樣充滿變數，就像太空梭要發射升空之際，幾秒後的爆炸，完全撕裂了現場家屬的心。

雲的英文 cloud，動詞還有「布滿雲霧、遮蔽、掩蓋」之意。霧的英文 fog，名詞是「煙霧，塵霧」、「迷惑，困惑」之意，動詞是「被霧籠罩」、「使困惑及模糊」之意。辛金之人，散發著神秘感，如果做錯事情，會有掩蓋問題的傾向，或是在問題尚未惡化前，先放出煙霧彈，盡可能爭取解決問題的時間與空間。動詞「模糊、朦朧」，視線不佳，他們做事情比較隱晦不明，帶點朦朧的距離美。辛金之人外在是雲，但本質是水分子，外人看到的他們與真實內在的他們會有段差距，遇到問題，他們容易天馬行空、順勢模糊問題焦點，試圖將問題解決之道帶往他們想要的方向。

薄霧的英文 mist，misty 是形容詞，又代表「神秘的」，辛金之人透著未知難料的神秘感，不擅長剖析自己的內心，別人看他及他看自己都是「霧煞煞」。如果說月亮是初一和十五不一樣，那天上雲霧變化更是無常，隨時不一樣。雲層薄時，看來如此潔白，但是當雲層過度厚實，陽光無法穿過時，就變成烏雲密布，辛金之人在低潮或是困惑時期，身

邊的人會經驗到他的黑暗期，要協助他釋放疑惑或悲傷，走出陰霾。正如下場雨，使烏雲散去，天空才會慢慢變亮。

　　因為變化莫測，搞不定自己變化速度的辛金之人，常常「抓不住自己」的想法，除了讓旁人與他互動時「如墜五里霧中」，自己也同時「一頭霧水」。大自然中的「濃霧（thick fog）」是指水平方向能見度少於一公里，視線受阻，開車在午後山區，濃霧襲來，即使打開大燈，依然白茫茫一片，使人視線不明。

　　濃霧影響著陸海空的交通，嘉南平原上的平流霧、或是海上濃霧，都曾造成嚴重的交通意外，死傷慘重，當辛金之人找人求助時，被求助者最好能不斷引導他們思考，由他們自己嘴巴說出原因？為什麼？為什麼？陪他們進行「問題釐清」。

　　無法認清自己問題的辛金之人，會讓大家跟著無所適從，形同一起進入濃霧之中，迷失了方向，問題將無邊惡化，例如西元 2014 年的北京霾害，還有西元 2015 年東南亞霾害（dark clouds），起因於印尼蘇門答臘農人，習慣用焚燒山林方式整地及清理雜草，導致空氣汙染範圍不斷擴張，引發了呼吸急症，新加坡及馬來西亞為了當地兒童健康，學校只好停課。

掌控權柄的辛金之人，若未能善用天賦，充滿負面特質，將為眾人帶來無法測度的殺傷力，宛如霾害來襲，讓人們產生窒息感。研究顯示確定會引發器官病變，最明顯案例莫過於英國亨利八世國王(辛金之人)，他年少即顯露極高天分，擅長作曲演奏、精通多國語言、騎馬射箭無一不出色，但在他成為都鐸王朝國王之後，因為身居上位，缺乏自省之心，在位期間，窮兵黷武、濫殺無辜，家庭及情感生活，狀況連連。

首任妻子凱瑟琳皇后，由於沒有為他生下兒子，加上年老色衰，亨利八世想要離婚、廢皇后，卻得不到羅馬教皇支持，於是推行宗教改革，只為了得以順利再婚，在他擊垮教會之後，同時也從中取得大量財物，於是企圖參加對法戰爭，想要撈到更多油水，可惜天不遂人願，因失算而砸入了數倍戰爭預算，走入「貪心不足蛇吞象」的命運。

又因為貪戀美色及急於求子，亨利八世前後娶了六任妻子，期間夫妻情感陸續生變，雲霧不停地飄移，心性容易起伏不定，在情感上漂泊與追逐，情感不睦情況底下，亨利八世不留情面地將兩位妻子斬首於倫敦塔。

孔子說：「愛之欲其生，惡之欲其死。既欲其生，又欲其死，是惑也。」困惑中的辛金之人如此「愛恨分明」，亨利八世失落對原來妻子的喜愛之後，就像急著要丟棄舊鞋般，毫無戀棧之心，加以拋棄。第三任妻子珍西摩替他生下獨子愛德華六世，卻不幸死於產褥熱，前面幾位妻子誕下的女兒，亨利八世從未善盡為父之責，甚至將他們列名為私生女，讓他們流離失所，可惜愛德華六世九歲繼位後，十六歲便年少夭折，接替的瑪莉一世，因為自幼失去母愛及父愛，內心失衡，充滿怨恨及暴力，被稱為「血腥瑪麗」，亨利八世演繹著他辛金的曲折人生，讓所有人在他的陰霾中度日，生活苦不堪言、產生許多人生的悲劇。

◎辛金之人 能言善道、喊水能結凍、成敗皆繫乎嘴巴

空氣中的平流層，多數的飛機駕駛員懂得善用，因為這是天空最適合飛行的區段。辛金之人會支持及協助與他保持友善關係的人，被他歸入好友，就能享有許多被照顧的便利。想想看，在真空狀態中，聲音無法被傳遞，如果地球沒有了空氣，將會變成寂靜無聲的星球，所以辛金之人天生具備優異口才，若加以開發，彷彿「喊水能結凍」。

雲霧本就東飄西盪，五湖四海為家、四處打游擊，「見人說人話、見鬼說鬼話」，辛金之人類似機伶的吉普賽人，知道怎樣迎合不同人的需要，這部分可以從中外不少的政治人物身上看出。像是歐巴馬，在參加第一次美國總統大選時，有著驚人的演說魅力，聽聞者總是內心慷慨激昂、為之動容不已。

另外像是朱立倫市長，留意他溫文儒雅、不疾不徐的說話方式，彷彿是歌手黃鶯鶯唱歌方式，一點一滴融化了聆聽者僵硬的心。再看看王金平院長，在他處理政黨歧見、乃至立法院學運時，始終面帶微笑、說話留有轉圜餘地，即使面臨與元首之間重大危機，仍然見招拆招，說話鏗鏘有力，所以一再扭轉頹勢、在立法院裡屹立不搖。

辛金之人說話容易被外人覺得缺乏「信實」，感覺他們好像時常會「說話跳票」「顛三倒四」。亨利八世為了安妮而休了皇后，信誓旦旦宣告她才是真愛，但得到安妮之後，因為安妮生不出兒子又很快生厭，「翻臉比翻書還要快」，這都是辛金之人低階意識的展現。同時也顯見因為信實，也會引發簽訂契約有關的問題，沒有明確的「是」與「不是」，除了衍生誤會，還兼有官司糾紛，或相關的賠償問題，都是辛金之人要留意的潛在問題。辛金之人重視情愛，主要也與「雲霧其實是水做的」有關，所以辛金之人不論男女，都有著水靈動人儀態。

　　另一方面，空氣中容納了無數物質，大氣隨著高度改變而有不同特質，例如增溫層，氣溫隨高度上升而遞增，可吸收紫外線，產生電離作用，增溫層下部，因為空氣稀薄，有著豐富自由電子，電漿態能夠反射電磁波，有助於無線電通訊，圖象影片、文字訊息的傳送，讓「地球村」不再只是夢想，因此辛金之人如同世界的廣播及電視傳播平台，在日常生活中，無論「口說好話」、或是「口出惡言」，都容易有加乘效果。

　　辛金之人容易在生活圈扮演「八卦廣播電台」的角色，舉凡各種小道新聞、三姑六婆的八卦消息，都是他們喜歡談論的內容。但電離層若是不穩定，便會造成傳播上的困擾及誤差，因此辛金之人在傳遞口語消息時，也容易失去準確度，因為地球是圓的，電離層並非直線反射，而是讓無線電波轉彎，再加以傳播，所以辛金之人容易惹上不必要的口舌是非，只是簡單「加油添醋」，就會讓整起事件完全失去原味。

　　因為辛金之人說話的「戲劇性及辛辣度」極高，講述負面事件時，不自覺加入情緒及腥羶色佐料，富含挑逗及聳動效應，彷彿他們是親臨現場，實況轉播一般，評斷他人的過程，言詞有時會流於犀利尖酸，不小心便會損及他人名譽，如煙塵汙染蔓延所有場域，造成無謂的糾紛，語言所造成的空氣汙染，辛金之人最後都難以置身事外，但是他們總以為自己是無端捲入口舌是非。

　　對於身處人群中的辛金之人，「拒絕散播謠言」是最衷心的建議，知道甚麼事情可以傳遞、甚麼語言必須到此為止，這些是辛金之人終身學習課題。黛安娜王妃（辛金之人）黯然離世，其實與這部分相關，BBC 電視訪談了她個人對於王室婚姻的看法，也談及情感外遇話題，滿足了媒體初步好奇心之後，吸引更多媒體追逐採訪，最後卻與情人命喪於逃避媒體採訪途中，婚姻中的另一主角王子卻始終都保持沉默，「成

與敗都繫乎嘴巴」。

所以與人對談中，辛金之人要搞清楚重點所在，就能避免捲入「口水戰」中，因為淹沒其中，味道果真是臭不可聞。

◎辛金之人 要自我提醒：莫貪眼前蠅頭小利
　　　　將目光放遠，吃虧就是占便宜

美國當時打越戰時，為了拖延北越戰事，製造了人工雲霧，加入碘化銀及鹽粒，「風雲變色」引起胡志明市水災氾濫，造成的損害竟嚴重於戰役本身，此事為眾人所詬病。雲霧可以帶來水氣，但不宜濫用。台灣棲蘭山神木區位於雲霧帶，一年有二百五十天雲霧籠罩，形成了台灣面積最巨大的檜木林。雲霧屬於金，金生水，水代表金錢、情感、智慧、言語等方面，就如同前面提過庚金之人【密碼９】，同屬金性，所以「偷盜」及「義氣」課題，自然辛金之人【密碼０】也閃躲不掉。

「羨」在甲骨文字中，代表著見到他人收成，自身口水直流，只站在小地域性的雲朵角度來看，很想把眼前所有降雨利益直接端走。

清朝商人舒遵剛認為─「義」，才是利益真正的源頭，「生財有大道，以義為利，不以利為利。」又說：「錢，泉也，如流泉然。有源斯有流。

今之以狡詐生財者，自塞其源也。今之吝惜而不肯用財者，與夫奢侈而濫用財者，皆自竭其流也。」

伊隆‧馬斯克（辛金之人）希望地球不要因為搶奪石油資源而戰爭，同時渴望減少污染，他的電動車理想、可回收使用的太空火箭計畫，將可大幅降低製造成本，避免破壞環境。過去曾引發無數人在他背後訕笑，但他不斷選擇「從無到有」、從「新」出發，他要忍受資金捉襟見肘的窘迫過程，屢屢在破產邊緣晃蕩，金錢調度的壓力大到枕頭醒來都會留下淚痕，為了改變世界的資源使用，電動車每個設計環節，他都極度吹毛求疵，這也是辛金之人的本色。

當 Model S 電動車展現在世人面前，才讓大家見識他果真是「鋼鐵人」再現，見識到他的毅力與堅持，做到了別人認為不可能的事。之後資產也暴增為六十五億美元，他與比爾蓋茲、巴菲特都是樂施承諾（the Giving Pledge）組織的成員，發願今生捐出大部分的財富做慈善公益，期望能創造一個更美好的世界。

在成功之前，伊隆‧馬斯克自幼父母離異，被父親家暴、精神受虐，因為知識廣博，在學校被同學霸凌虐打到昏迷，之後又意外喪子、婚變，辛金之人來世間被考驗折磨，他沒缺漏過任何環節。神話故事中常提及——當海上濃霧鋪天蓋地而來時，就會不時傳來海上妖女的魅惑聲音，讓船隻如陷入百慕達三角洲，因摸不清方向而離奇沉沒。但是伊隆‧馬斯克卻沒有讓自己在「濃霧密布」中成為悲戚受害者，他倚靠強大的信念往前走。

在火箭計畫（SpaceX）升空第三度失敗時，籌措的投資金額像是被燒成灰燼，他告訴團隊成員：「在這刻只有更明確的一件事要做，對於星際之夢，我們不放棄、絕對絕對不放棄。」他的超級迴路交通構想

（Hyperloop），超高速電車（6437km）只需高鐵造價成本十分之一，把人如砲彈發送到目的地，他用「熱力學第一定律」比喻遭遇困境的處理秘訣，他說「你必須能夠把那些問題『煮沸』，然後找出那些最基本的東西。」這正是辛金之人面對問題時的解決模式，透過「加溫」，回歸原始狀態，謎團自會消失。高階意識的辛金之人，就具有如此振衰起弊、變革社會風氣的能力。

　　從地球高空視野加以觀測，雲本身是不均勻分布的，世界各地皆有雲霧，辛金之人有跨領域、跨國界取財的機會，像是演藝人員張菲、張藝謀、范冰冰、黃鶯鶯、酒井法子，都是紅遍全亞洲，張藝謀在西元2014年面臨的電影合約糾紛，或是張菲曾遇過數次股市投資失利，都是辛金之人必經的考驗。雲霧本身居無定所，虛無飄渺，私利與公利若能兼顧，才能享有持久機會。

　　風和雲帶來水，如果風與雲只在地球特定上空出現，可能造成局部地區天有異象。「洪水」氾濫，對作物及黎民百姓就是一場災難。酒井法子在台、港大受歡迎，卻在走入家庭之後與毒品牽扯不清，婚姻、事業演藝契約接連出事，產品代言全數被撤回。辛金之人的問題有基本模式，對辛金之人而言，賺取之錢財，若得來的管道並非屬於「義」，或運用錢財方式未謹守「義」，怎樣來便怎樣去。就像西元2015年某政黨所推出的副手所引發的爭論，「騰雲駕霧、布雲造雨」，辛苦操弄了無數年，不該取之錢財，卻在適當時間點見光死，通通蒸發不見，這全都符合自然法則。只是讓辛金之人體驗如夕陽般的斑斕雲彩，「繁華攏是夢」，夢醒後徒留無限唏噓。

◎辛金之人　「成就他人成功」反倒「促成自己勝利」

　　水分子找到依附的凝結核，方能成為雲滴，雲滴聚合、凝結後變大，重量超標的雲滴就會墜落而下形成雨，空氣中浮力讓雲滴上升、下降，雲滴尺寸及大小各有差別，高空中彼此推擠、碰撞，像是失去紅綠燈控制的汽機車，輕易就衝撞上其他雲滴，這樣的相互撞擊，實則是合併與擴張的過程，然後大雲滴持續合併小雲滴，如同海中大魚吃小魚的食物鏈。

　　由此看見身為雲霧的辛金之人，他們內在的競爭性如此熾盛，外人時常覺得他們比較陰沉、心眼多、氣量狹小，那是源自於他們有著併吞、擴充版圖的潛意識作祟，不管內在是如何個別攻城掠地，但雲霧外觀還是個大整體，活在地球陸地上的辛金之人，一心想讓自己在擠壓及競爭中脫穎而出，誤以為別人的成功就是我的失敗，卻疏忽真正的關鍵在於－「成就他人成功」反倒「促成自己勝利」。

　　雲霧無法單獨成為一氣候，整併帶來雲霧化水的轉化，加速今生使命完成，有成功的夥伴關係，而不流於錙銖必較，「吃虧就是佔便宜」可以銘印於辛金之人的心版上、腦海中。

　　法拉第（辛金之人），世人稱為電學之父，研發出最早的馬達及電動機，他自幼家境貧困，因此無法接受正規教育，父親只能教他閱讀及數學四則運算，十三歲時在印刷廠工作，負責裝訂書籍，他利用時間接觸自然科學類圖書，並且勤於在生活中找材料實驗，下班後也主動去聽大師講座，知名科學家戴維看到他整理的數百頁聽講筆記，大感震撼，由於法拉第自學不輟精神，讓他順利成為戴維助手，卻因為缺乏正式文憑，得不到他們夫妻的基本尊重。

　　在歐洲考察期間，法拉第被當成家僕使喚，因為他極度熱愛科學，忍受了這一些屈辱，戴維對他的科學才華有所忌諱，甚至被謠傳為抄襲

研究，不願意同意他加入皇家科學研究會。後來戴維在法國遇上大風雪，差點死掉，猛然察覺地位是空幻的，大難不死之後，回頭幫助法拉第。

多虧了法拉第與他的妻子長年維繫著親密和諧關係，讓他能不辯白、默默撐過晦暗低潮期。此外他們夫妻也一起經歷無法生育後代的辛酸，將愛轉至兒童科學教育上，固定在聖誕節為兒童辦理生動的實驗講座。法拉第的研究屢屢失敗，耗費十年光陰才實驗出「磁可以生電」，年輕物理學者馬克士威受其啟發，透過高等數學公式佐證了「法拉第力線」。

因為法拉第不會微積分，早年遭遇才華被埋沒之苦，所以他積極地提攜後進，貢獻所學，這正說明著－辛金之人透過成就他人，同步也成就自己。

法拉第非常謙虛且淡泊名利，他謝絕了被封的爵位、兩次拒絕擔任皇家研究學院院長，他還會把錢往外推，他所寫的暢銷書＜化學操作＞，拒絕第五版印刷發行，原因是他認為同一科學書籍不斷再版，是科學沒有進步的恥辱。他退休後搬離宿舍，還是維多利亞女王親自邀約，他才願意住進皇家別墅。法拉第生前收過一封孤島囚犯來信，上頭寫著：「當我拜讀您在科學上重大發現，我深深感覺遺憾，因為我過去的歲月，竟都浪費在太無聊的事件上。」文末署名是拿破崙，一代梟雄征戰野心也被他深深打動及轉變。

龔自珍：「四海變秋氣，一室難為春。」透過崇高辛金之人的言行，讓後人得以仿效學習，行得正、坐得端。「移風易俗、改變風氣」就像是堅定保護地球的大氣層，在老年法拉第說了：「一個人面對任何的獎賞引誘，都不會因而更改自己該行的道路，才是真正的獎賞…當我一息尚存的時候，這地上能給我最好的獎賞，就是我能夠潛移默化地成為別人的榜樣。」死後他拒絕葬在皇家墓園，交代墓碑上只留下名字，不需

要任何歌功頌德。法拉第是高階意識的辛金之人，他遺留的典範，讓後人得以仿效學習，其精神浩氣永存人間。

◎辛金之人 想要衝破迷障需要鼓勵及溫暖
最大的貴人是丁火之人【密碼6】

因為雲霧基本上溫度較低，在他們發出攻擊之時，「波雲詭譎」讓人容易誤判情勢，西元 1940 年，納粹德國企圖拿下英倫三島制空權，英倫三島被大霧籠罩，德軍難以辨識目標進行轟炸，英國皇家空軍飛機也無法起飛護國，只能被動迎敵，為了扭轉情勢，英軍於是在地面燒起航空油料，將飛機跑道兩側空氣加熱，果然使機場雲霧散去，飛機終於可以順利升空，英國拿回主控權，阻止了德軍的制空計畫。溫度可以幫助辛金之人產生行動力，顯見前面提過的丁火之人【密碼6】是他們最佳的貴人。

善變的雲霧，戲法是他在變，旁人只能接招，有時應接不暇，甚至雲霧若驅之不散，辛金之人不畏懼拉長戰局，可以長時期冷戰虛耗，與辛金之人相處，切莫忘記要為他們拍手喝采，掌聲可以產生風，大風可以吹散雲霧及加速雲滴流動。辛金之人因為天生具有傲氣，「吃軟不吃硬」，有著「吃褒性」(閩南語)，或是透過正面語言加溫，可以幫助雲霧消散，這是與他們發生衝突時，可以化解衝突的妙方。

◎辛金之人 萬事豐隆、養天地正氣、蒼天可表其心

<幼學瓊林・天文>：「雲師係是豐隆。」雲神名字「豐隆」，此二字意指「豐盛昌隆」。素問·陰陽應象大論：「地氣上為雲，天氣下為雨，雨出地氣，雲出天氣。」人體精氣升降，就像天上的雲，有雲之後

才會下雨，天地間正常氣象變化，才能生育萬物，人身體內精氣升降，氣血津液才得以運行流布。人體小宇宙對應了外在大宇宙，人身上也有「豐隆穴」，與雲霧概念是相通的，可以消水腫、改善胃脹打嗝、痰多咳嗽的問題，是化痰要穴。＜玉龍歌＞：「痰多宜向豐隆尋。」頭昏嗜睡，像頭頂上罩著烏雲，若能適當按壓豐隆穴，就能使雲化為傾盆大雨，撥雲見日後，疲勞盡消，真是辛金之人適合多加運用的寶穴。

辛金之人的身體對應器官是肺臟，『肺』五行屬金，左右各一，嬌嫩不耐寒熱，易被邪侵，肺為五臟之長，「肺為相傅之官，治節出焉」，類似國家的宰相，負責分配一國資源。在人體臟腑中位置最高，不僅覆蓋心臟，也包覆其他臟腑，護衛五臟，又被稱為「華蓋」，這是皇帝出巡的上面車蓋，保護天子不受風吹雨打。

「主治節」表肺具有治理調節功能，以氣推動血行，助心行血，也治理調節全身血液代謝，肺部外型，很像祭天冕服。祭天時，皇帝與文武百官都須穿上，有日、月、星辰圖案，象徵人是必須與天連結，淨化體內的氣體，辛金之人的貴氣更可見一般。

肺主要的功能是「司呼吸」，肺氣以宣發、肅降為基本運作形式，同步進行吸清排濁，在呼與吸之間保持動態平衡，主導一身之氣，肺部與皮膚也有關，風邪的第一道防線是從皮膚進入，皮膚的毛孔有助於氣體交換，清氣與濁氣走不同路線，濁氣往下走、清氣往上飄，肺是人體器官中，唯一可以用意念去控制的臟腑，你可以決定深深吸一口氣，再深深吐出一口氣，因為你掌握呼吸速度，也會影響到其他器官的呼吸速度，當神性與人的呼吸同步，人成為神性完美展現的管道，就會發現辛金之人時常在靈感十足的狀態之中。

秋金過重、易傷肺，對照到心理特質，對於濁氣或是不同於自己內

在的想法，若是一股腦地趕盡殺絕，弊多於利，「肺神多怒」，反而因肅殺之氣而傷身，比方說二氧化碳是植物的食物，看來二元對立的二氧化碳和氧氣，卻是同等重要。

肺與情緒壓抑也有關，「悲傷肺」，由此可見辛金之人若有肺部方面的問題，不妨審慎檢視自己的內在狀態，是否與對自己或他人過於吹毛求疵有關？

因為肺必須要在正負能量間轉換，如果辛金之人只執取於特定觀點及角度，呈現到身體上對應疾病為「肺纖維化」，肺部是避免「風邪」入侵的第一關，知道養天地之正氣，但又要懂得包容濁氣之必然存在，對辛金之人而言，觀點本身沒有好壞，一切的發生都是最好而且是必要的。肺藏魄，陰氣本身是去不掉的，只有保持陰陽之氣的調和，才能使人更有「魄力」，活得更有元氣。

◎辛金之人 走出迷惘、從自己開始、找回寧靜的心

空氣中有五分之四是氮氣，化學特質非常不活潑，不易熱漲冷縮，辛金之人有非常固執的一面，雲霧多變，但隨他們內心堅持而變，霾害長期籠罩，算得上是「以不變應萬變」的辛金之人。前面提過雲層內雲滴會發生擠壓與合併，降落成雨水。辛金之人如果走上內心探索之路，也會發生類似的變化，本來的陰霾揮之不去，因為發生了雲滴整併，化為智慧水後，有些長年疑惑先消失。但是雲霧本身面積廣大，內在所含的雲滴數量龐大，不可能瞬間全化成為水，仍然不時會出現迷霧狀態。

辛金之人需要耐心等待，「天下無難事、只怕有心人」。歐巴馬總統（辛金之人），自小父母離異，母親改嫁後，搬至印尼、後來又跟著外祖父母住在夏威夷，當過絕望無助的少年，家庭貧困、黑種人的膚色

遭嘲笑，看來前途黯淡無光，也曾叛逆地逃學、吸毒、交女友，迷失了自己，後來轉到美國本土唸書，在芝加哥，主持一個非營利計劃，協助當地教堂為窮困居民組織職業訓練，在社會服務中不斷重建個人價值。

　　歐巴馬總統說：「期待他人或等待未來，改變將永難實現。而我們自己，就是我們等待的人，就是我們尋找的改變。」辛金之人需要改變的是自己的迷惘，而不是一直想著要改變他人。

　　「巫山雲雨」一詞出自戰國楚宋玉高唐賦：「妾在巫山之陽，高丘之阻。旦為朝雲，暮為行雨，朝朝暮暮，陽臺之下。」在原始宗教觀裡，神女與國王會合，隱喻天地交會而降雨，使穀物得以豐收、人民安居樂業、國家繁榮強盛，並非指向男歡女愛。原意是漢族神話中，巫山神女興雲造雨，山區早晨朝雲，晚上則下雨的自然現象。

　　辛金之人的自我實現，就是由雲化成為水。大氣層是充滿雷電等諸多免費能量的地方，亟待人類研究開發，近幾年流行的「雲端科技」，想要漫步在雲端，需要極高的智慧，高山雲瀑如吞雲吐霧般湧動之時，讓人自然聯想起仙人居住其中。

　　「祥雲瑞氣」對應著辛金之人，代表需要有顆寧靜的心，才能與至高的創新能量連結，這樣的人通常被視為開悟者，像奧修即是這樣的辛

金之人。

　　雲層下雨、瀑布、溪畔都能增加極大動能在水分子上，從而解離出大量負離子，捕捉空氣中的正離子，讓塵埃落定、淨化空氣，使空氣變得清新，讓人們忍不住大口呼吸，目前全球空氣汙染問題嚴重，工廠、汽機車排放廢氣、臭氧層破洞問題，霾害當前，除了在生活中落實減碳之外，「雨水及風向」似救星，可降低威脅。

　　雲霧帶動水循環作用，化成水後，可洗滌塵汙，讓天空一碧如洗。所以辛金之人若是茫茫然、棲息不動，最是可怕，就好像人間遊魂一般。走出去、動起來才能展現他們的創造力，也同時透過修復療癒自己，進而協助修復地球的大氣層。

◎辛金之人　磨練陶冶心性，成為行走人間真正的王子與公主

　　馬克‧吐溫寫過＜乞丐王子＞一書，內容是他所虛構，故事中的愛德華王子與窮人之子湯姆‧康蒂相識，兩人同一天出生，外表及聲音表情相似。王子想要體驗宮廷外的生活，於是與湯姆交換服裝，外人竟都難以分辨。湯姆在皇宮裡過起王子富裕生活，愛德華王子卻到了湯姆破敗的家開始受苦受難，除了居住環境惡劣，還飽受湯姆父親虐待，湯姆母親很快察覺那不是自己兒子，在他要被酗酒的先生毒打之際，衝過去保護他，愛德華王子卻選擇勇敢承擔面對，不想讓別人因他而受苦，由於在貧民窟仍堅持自己王子身分，大家都認為他瘋了，於是湯姆父親更想嚴厲管教他，他最後變成淪落街頭的流民、三餐不繼，甚至被迫當小偷、又險遭謀殺，他的機智與善良在困境中一一被強化，幸好後來貴人—落魄爵士出手相助，終於重返倫敦，趕在新王加冕大典上，愛德華王子真實身分得到證實，登基為真正的國王。

在小說中，亨利八世死後，湯姆廢除原本的苛政、體恤愛民，權力沒有使他腐化或蒙蔽良心，最重要的是—湯姆並沒有被權位沖昏頭，而是毫不遲疑地協助愛德華恢復王位。

「乞丐王子」可謂是辛金之人生命歷程的典範故事，象徵著如雲霧升降的兩條生命路徑，冷空氣比較重濁下沉，偏向固著；熱空氣輕盈而上升，透過升降，使空氣流動。第一條路徑如同愛德華王子，如果辛金之人是出生於家境小康或富裕的家庭，必須在成長過程中學習「紆尊降貴」，去體會「眾生平等」，慢慢卸下驕慢之氣。所謂王者仁義之風，來自於能屈能伸，來自於歷經滄桑之後，悲天憫人的寬容之心，過度高傲、端架子，其實眼光會趨於偏狹、耽溺於物質欲望或是趨炎附勢，將無法全面管理好自己的人生。

日本昭和天皇(辛金之人)，如果二戰時能改變他的一些觀點及做法，懂得愛護黎民百姓，太平洋戰爭也許不會擴大，相對就能減少成千上萬無辜生靈喪命。

第二條路徑便是湯姆路線，如果辛金之人成長於貧困之家，也千萬別被眼前的困苦所欺瞞，雖然生活的艱辛，時常會讓成長於這樣背景的辛金之人傾向自憐，內心抱怨、不平，懷抱著住在冷宮的淒清悲苦感，生活挫折將真性情腐蝕殆盡，為了隱藏自卑而誘發極度自傲及控制欲，勾心鬥角、以為無所不用其極，才能獲得物質界的豐盈。但正如法拉第、伊隆·馬斯克的童年悲慘過程，他們手上也曾握有自我放棄的選項，可他們卻沒成為挫折的奴隸，而是像湯姆在皇室學習到領導者的管理智慧，也不願強佔權勢不放，最後得到愛德華國王終身護衛頭銜。

回教國家女子，總是罩上面紗，美麗而神秘，辛金之人與這世界人事物的來往，就像這層薄紗，阻隔了自己與別人真心的交流，偶像劇「唯

一繼承者」當中有段對白：「戴著面具，不管你流下多少眼淚，都不會有人看得見，不過面具不能戴太久，有些人的面具，因為一直戴著，就再也拿不下來了。」

辛金之人時常戴上堅強的面具，久而久之與自己真實的面貌日漸疏離，分不清面具與真實自己的分野，日本這幾年非常流行「淚活」，經由自發性落淚，促成心靈排毒，對身心健康大有裨益。

源氏物語有著「淚下交頤」、「抹淚揉眵」、「淚出痛腸」等描述，他們透過影片觀賞、藉著眼淚釋放情感，喚回久違的感動能力，對於辛金之人而言，重獲感動、可以減少他們的委屈與受苦感，也在不知不覺統合了他們獨有的知性與感性。

高貴的王子或公主其實住在辛金之人的心中，在苦難中依然保有信念，才能開創美好的未來。「內聖外王」—王子與公主的內在世界與外在環境便會逐步合而為一。「灰姑娘」「日本阿信」等故事中訴說的也無非是這樣精髓。辛金之人必須磨練陶冶心性，不卑、不亢，才能成為行走人間真正的王子與公主。

如果這兩條路徑中，辛金之人都選擇了負面路線，這一生若再遇上「貧、病、苦」任何一挫折，就會深陷於恐慌不安之中，難以解脫自在。他們必須學習慢慢鬆開執念，雲彩再美，總有時盡，唯有認識真正的自己，才能得以進入永恆。

不妨去體會＜金剛經＞裡的四句偈：「一切有為法，如夢幻泡影，如露亦如電，應作如是觀。」辛金之人要放開執念，改變觀點、懂得「寬恕」，才能跳脫痛苦深淵。

◎辛金之人 人生路上要與信念、目標攜手而行

<漢學堂叢書、龍魚河圖>：「黃帝之初，有蚩尤兄弟七十二人，銅頭鐵額，食沙石，制五兵之器，變化雲霧。」

黃帝與蚩尤大戰於涿鹿之野，蚩尤武器裝備較佳，利用濃霧封鎖黃帝進攻，黃帝得到玄女族奧援，運用優勢天象——颶風大起、漫天飛沙，士兵們吹號角，擊鼙鼓，使蚩尤陣營驚慌失措，再趁敵人混亂，黃帝以「指南車」辨別方向，成功衝破濃霧、消滅蚩尤而取得勝利。對辛金之人而言，「目標及信念」就是他們的指南車，有了基本配備，他們才能穿破今生迷障，實現自我。

韓愈<雜說一>：「龍嘘氣成雲，雲固弗靈於龍也。然龍乘是氣，茫洋窮乎玄間，薄日月，伏光景，感震電，神變化，水下土，汨陵谷，雲亦靈怪矣哉！」上面這段文字正提醒著辛金之人：「雲從龍」。所謂「雲從龍」，神龍見首不見尾，雲的變化多端，想要成為最具影響力的雲霧，從「龍」—必須依循高層心靈、生命目標、堅定的信念，否則也只是聚散無依的雲霧。打模糊仗或閃躲問題，只會延誤生命進展，只要有方向、目標，願意努力，就能享受生命甜美的果實。

如：辛金之人法拉第，他的內心有個導航羅盤，正是神對他的指引，他與高層心靈多年攜手合作。他生前非常喜歡一首詩＜雲深不知處是天父居所＞，完全呼應了他走出生命迷霧的過程與心境，願與所有辛金的夥伴分享―

「夜幕低垂星明亮，

遙遠的天際傳來陣陣的呼喚。

輕解繫岸的繩索，靜靜的滑入海洋。

不再攜帶著指示方位的羅盤；

不再恐懼兩旁的波浪。

我知道此刻，我終將親眼見到那引導我一生的領航者。」

◎四季之中的辛金之人

· 春季之雲霧（民國４０年、民國１００年出生者）：為春天的冷風，直覺敏銳、直來直往、性子急躁，做事強勢，會挑戰惡劣環境、資源匱乏也會力求突破，但要多留意身體健康。

· 夏季之雲霧（民國３０年、民國９０年、民國２０年、民國８０年出生者）

夏初的雲霧（民國３０年、民國９０年出生者）：太陽被烏雲遮住，很懂得察言觀色，對前途感到惶恐，有雙重個性，會隱瞞真相，做事態度需要踏實，勿盲目往前衝。

夏末的雲霧（民國２０年、民國８０年出生者）：烏雲密布的大地，凡事懂得按部就班付出，但常覺得見不到成果，會產生鬱悶不得志心態，較為陰沉、封閉，需要多學習與他人溝通，先守成靜待機會來臨。

· 秋季之雲霧（民國１０年、民國７０年出生者）：平易近人、好

相處，近朱者赤、近墨者黑，結交朋友，要懂得分辨善惡，才不會發生被迷惑心性的憾事，象徵豐收的果實，樂於與他人分享，可以從與他人聊天中獲得智慧。

‧ 冬季之雲霧（民國６０年、民國５０年、民國１１０年出生者）

冬初的雲霧（民國６０年出生者）：為海上雲霧、個性多變，具破壞性，容易遇上禍從天降的險境，內心不安穩、不喜歡被拘束，為深藏不露之人，如：法拉第、瑪斯克、亨利八世、酒井法子便是。

冬末的雲霧（民國５０年、民國１１０年出生者）：個性執著、性情較為急躁、猛烈，但不輕易表現，保守而堅持己見，衝動、難以溝通，個性直、命運坎坷，要虛心接納建言，培養寬厚之心，方能減少阻礙，如：黛安娜王妃、昭和天皇。

 # 【靜心時間】

辛金之人需要經過淬煉、方能成大器。

『辛苦、新生』這兩種對立根底的辛金，

可以看出辛金是具有破壞後從事改革的特質，

也因為如此，辛金要經歷如此的淬煉，方能成大器。

【第九節】 成功的第九把鑰匙：
壬年生者【密碼1】

「壬」，以民國紀年，農曆出生年分尾數為1的人，其天干就是壬，例如：民國11年、民國21年………等出生的人，男女皆同。稱為【密碼1】

千江之水天上來，
還於洋海任誰諒，
百龍之智無出右，
才出利眾百運開。（黃鈺豐老師）

◎壬年生者： 豐盛智慧永相隨，握有實權顯權貴。

古今知名人士如：達文西、牛頓、楊振寧(諾貝爾獎)、吳健雄、袁家騮、艾倫.圖靈、龐滋、吉姆.羅吉斯、黃馨祥、李登輝、宋楚瑜、胡錦濤、溫家寶、盧泰愚、金正恩、拉賓、吳淑珍、王傑 等。

壬　善用巧具

壬水之人【密碼1】：江河、海洋

　　從外太空俯瞰地球，高達 70% 的液體分布在地表上，海洋使地球成為宇宙中最美麗的藍色星球。壬水之人【密碼 1】與癸水之人【密碼 2】共同屬性都是水，維繫著全人類命脈，人體組成裡有 70% 是水分，體內的水分可輸送養分、調節體溫，壬水之人【密碼 1】是陽剛面的水，癸水之人【密碼 2】是陰柔面的水特質，主要的課題是智慧，但求智慧如水，水英文 water，動詞還有「澆灌」之意，河流長久以來用作灌溉、飲食、防禦、洗滌、傾倒廢物。

　　「滄浪之水清兮，可以濯吾纓。滄浪之水濁兮，可以濯吾足。」水清、水濁，都能為人類所用。

　　Aqua 也代表水，水可以讓人放鬆、紓壓，希臘的西方醫學之父希波克拉提斯，使用溫泉療法來療癒身心，中國、日本也有此療法，德國水療之父瑟巴斯堤安·克奈浦，將水療法正式列入醫療方法，用來治療肌肉、骨骼疾病，「SPA」亦屬於水療法，在世界各地都有創造奇蹟的療癒之泉，治癒各種奇怪病症。

　　世界重要文明搖籃都起於大河畔，如長江、黃河、尼羅河到西亞兩河流域，大河孕育了人類的文明。中華文化認為「水為財」，水滋長萬物，在生活中不可或缺，動物或植物賴水維生。將大自然對照人類生活圈，物質（民生消費的所有事物）可照養人們，就日常生活而言，有錢財才

能維持生活所需。所以「錢水、錢水」常掛在老一輩嘴邊，水與錢皆能養四方眾人，大江大海，除了浩瀚美景，也有通商貿易寓意，鴉片戰爭之後，本只是小漁村的香港，能夠得到英國人青睞，主因在於香港臨海，利於通商貿易。

中華文化圈重視風水之說，陰陽宅都重視水局，想方設法地運用水池、魚缸，無非想要求得「財源滾滾」。例如當初為了運輸貿易開鑿的京杭大運河，人工開鑿、貫穿五大水系，形同國家大動脈，活絡了經濟及文化交流。「蘇湖熟，天下足」，蘇杭富庶與運河水有關，大河之水為人類帶來富裕與強盛，壬水之人喜歡從事金融行業，或在金錢中打滾，實是天性使然。

達文西說：「水是萬物起源。」在水的高階意識裡，老子說：「上善若水。水善利萬物而不爭，故幾於道。」高階意識的水是最接近於真理法則，消融自我、無外相之執著。

李小龍（Bruce Lee）在美國被視為哲學家，曾就讀哲學系，果然庚金之人【密碼9】的他，在生命中也為許多人帶來智慧水，即使他死後多年，其個人訪談仍不斷被播放流傳著。李小龍是強悍的搏擊高手，卻教大家要「柔弱似水，向水學習」，李小龍曾經遇過嚴重學習瓶頸，老師葉問經常要他定神、放鬆、忘掉自我、跟隨對手招式，別受頭腦干擾，他不斷提醒自己這樣做，反倒進入更緊張狀態，而體會到「雙重束縛」。

葉問又提醒他要順乎自然，於是他練習冥想，依然百思不解，整整一週處於極度痛苦狀態，某天他放棄了，決定出海划船，在海上思及這過程，於是生氣地用拳頭猛擊海水，突然頓悟到：水正好反映了功夫真諦，他說了這段話：

「清空你自己，無特定模式、無固定形式，像水一般，

如果你倒水入茶杯，它變成了茶杯，

如果你倒水入瓶子，它變成了瓶子，

如果你倒水入茶壺，它變成了茶壺，

水能夠流動，也能毀滅，我的朋友們，像水一樣吧！」

◎壬水之人 世智聰辯、學習能力強、從娘胎開始培育

在科學家眼中，海水湧動猶如生命搖籃，普遍認為生命起源於海洋，「海」造字本意－如母的大水，當陸地一片荒蕪、尚無生物時，原始細胞已經悄然在深海中孕育，再逐漸演化成單細胞藻類，大量繁殖之後，因為光合作用，產生了氧氣和二氧化碳，為地球營造了優良的生物繁衍環境，江河之水，汨汨而流，「水靈靈」除了形容人容貌清秀，也有腦筋及眼神靈活之意。

壬水之人機靈，喜好自由自在，「過動兒、坐不住、屁股長蟲」，討厭無趣的事物，喜歡觀察與操作。世界知名的科學家，有許多都是壬水之人，像是擁有多樣天才的達文西、二次世界大戰時，破解德國軍事機密電報機的數學奇才圖靈、諾貝爾獎得主楊振寧博士、物理學家吳健雄及袁家騮物理學家夫妻、乃至發現地心引力的牛頓，還有無數案例，皆是從小就嶄露頭角的秀異壬水【密碼1】。

無論是河水或是高山融雪之水都源自於高山，「山明水秀」展現源頭處的旖旎風光，河川分為上中下游，起源處的兩岸坡度最陡，甚至達垂直角度，上游河川向下侵蝕力也最強、能量也最大，能夾帶及搬運最大的砂礫，有時還能搬運笨重岩石，流速快，河道也會出現侵蝕峽谷，河川發育過程，也會出現「向源侵蝕」，朝著源頭施展「加長」功夫，壬水之人的童年是居於生命上游期，顯得格外重要。

壬水之人又對應於中國文字「壬」，＜律曆志＞曰：「懷妊於壬。」釋名曰：「壬、妊也，陰陽交。物懷妊。至子而萌也。」＜說文解字＞說：「壬」位於北方，陰氣達到極點之後，陽氣便萌生，極陰轉陽，字形上也像人懷孕。

水往低處流，如果壬水之人的童年時期沒有被善加把握，好好協助他們建立規範及習慣，「江河日下」，他們反而會產生怠惰現象，錯過關鍵期，若要河川改道，就必須耗費更多力氣，就像是動物行為學家勞倫茲＜所羅門王的指環＞一書中提出的銘印（imprinting）現象，出生之後的最初階段，幼雛將永誌不忘，常把第一眼見到的動物視為生母，緊緊追隨，甚至頭一遭聽見的聲音，會認為是母親召喚，聽覺、觸覺皆影響幼雛終生。

自然界最初的老師就是父母親，人類也是，童年敏感期所發揮的威力，在壬水之人身上更具加乘效果，良好的親子關係及學前教育，會讓壬水之人終身受益。就如鮭魚洄流返鄉，即使游入大海，依然溯溪回到生命最初的源頭產卵，渴盼成就的壬水之人，成年後自然選擇離開故鄉，似乎那只是他們出生的發源地，但是水具有記憶能力，為壬水之人進行胎教，聆聽大自然水聲、父母輕柔說話聲，形如水的波動，也能透過羊水讓腹中壬水寶貝聽到、感受到愛，傳達給他們正面訊息，有助於他們發展水性的本質，所有人體裡面都有 70% 是水分，播放水聲的音樂，可以協助人們放鬆並且平衡情緒。

◎壬水之人 心胸廣闊、善於包容、可潤滑人際關係

江河之水，外表看來清澈，其中蘊含生靈無數，魚蝦優游其間，就像佐賀的超級阿嬤，裝上架子攔住上游漂來的蔬菜，說是家裡的「超級

河濱市場」，河川開放讓人撈寶，清溪、山澗皆有著廣闊的胸襟，讓人可以恣意取用水資源或洗濯，被弄髒了，無怨無悔，它也不會收取任何費用。

壬水之人有著長江三峽的大哥風範與霸氣，無論男女，喜歡為大、較不拘小節，也喜歡掌握權力，就像河川通常有固定河道與流向，壬水之人喜歡別人按照他們的規矩與習慣走，與他們互動時，也別太撈過界才是。

東方朔答客難：「水至清則無魚，人至察則無徒。」水若過於清澈，就會缺乏養料，魚就無法存活。人若是太苛刻就會失去朋友，交友太過吹毛求疵，反而會不得人緣。壬水之人因為深諳箇中之理，通常具有極佳的人緣，「黑白兩道通吃、來者往往不拒」，就像春秋戰國時期的孟嘗君養士三千，用在一朝，雞鳴狗盜之徒也是他的座上賓，替他化解許多危機。

「海水不擇細流，故能就其深」壬水之人具「有容乃大」的豁達胸襟，懂得包容周遭人的錯誤，可以為壬水之人創造一些潛在利益，帶來許多的回報。例如春秋時期，楚莊王某次宴請官員飲酒同歡，愛妾前去向大臣敬酒，突然襲來一陣風將蠟燭全數吹熄，愛妾在黑暗中被臣子的鹹豬手摸了一把，她在黑暗中扯下那人帽纓，並且私下向楚莊王投訴，不料聽完之後，楚莊王卻告訴眾人：「這樣暗沉沉地喝酒，別有一番氣氛，大家如果高興的話，不如把帽纓扯斷，以表盡興吧！」於是眾人照做不誤，楚莊王認為一人喝醉酒，難免失態，若因此而責罰臣子，並不恰當，幾年後，楚莊王攻打鄭國，將軍唐狡奮勇殺敵，立下戰功，他即是當年被扯下帽纓之人，國君寬容之心像是長期投資績優股，在關鍵時刻獲取數倍收益。

◎壬水之人　水能載舟、亦能覆舟

　　甲骨文「河」，說文解字：「河，水。出焞煌塞外昆侖山，發源注海。從水，可聲。」河流激流澎湃，源於高山，最後流入海洋。專有名詞「水熱條件」是指地區水分與熱量（氣溫、積溫）的高低及分配情形，強調水與熱量的配合關係，對農業、工業、人們生活所造成的重大影響。

　　河水就如同字形所顯現，必須要有丁火的動能【密碼6】及溫度適中，才能真正利益眾生，滋長萬物，讓大地充滿生機，積極努力的壬水之人，甚至像是工作狂，奔忙而不覺累，帶有豐沛生命能量而流動的水，環繞流淌，才能為自己及他人，引來財氣之水。

　　此外徐中舒＜甲骨文字典＞中認為「丂」是曲柄斧之柯柄，想像著河川就像帶把斧頭，猶如威猛的門神、架式十足。例如湄公河，在越南注入南海之前，流經六個國家，站在泰國此岸眺望，老撾在河的另一端，護衛著兩個國家的疆界。與壬水之人互動，發生衝突事件時，要謹守分際，各自有各自的河道，「井水不犯河水」。若太逾越了，超過他們的容忍底線，水雖看似柔弱，卻無堅不摧。

　　老子說：「天下莫柔弱於水，而攻堅強者，莫之能勝」，像是滿潮時大水，海水倒灌、河川改道、海嘯來襲，造成生靈塗炭、死傷慘重。這可從當年李登輝總統與宋楚瑜省長（壬水之人）的政治角力戰中看出端倪，宋先生協助李先生擔任黨主席之後，兩人後來因政治立場及觀點各異，發生興票案，水遇上水的衝突。可拿個故事來比喻，神話雖真真假假，背後實則寓意著人生，＜白蛇傳＞中白素貞引來「西湖」水，使「水漫金山寺」，「法海」和尚用高山抵禦大水，將白蛇鎮壓在「雷峰塔」下，小小湖水終究難敵法海之水，白素貞之子從此卻失去了天倫之樂，一旦無辜捲入壬水之人的水戰之中，周遭人也難以倖免於難。

與壬水之人相處，若是堤岸散步，則感心曠神怡，但大水來襲，還是需要防波堤，否則引發水災、淪為波臣，除了苦不堪言，還可能溺水而死，遇到這種危急的衝突狀況，要找到可以搭起雙方的橋樑，先求安全上岸，才是正確處理方式。此外，「水來土掩」是基本常識，壬水之人【密碼1】可以找戊土之人【密碼7】擔任高山幕僚。

◎壬水之人　身段柔軟而低下、以機靈多變取勝。

　　<孫子兵法>：「夫兵形象水，水之形，避高而趨下；兵之形，避實而擊虛；水因地而制流，兵因敵而制勝。故兵無常勢，水無常形；能因敵變化而取勝，謂之神。故五行無常勝，四時無常位，日有短長，月有死生。」水因無固定形式者而勝出，聲東而擊西、因時因地而制宜。

　　水約略占了成人體的百分之六、七十，血液中含水量更達九成以上，水能「潤滑」關節，關節軟骨主要是由水、蛋白多糖及膠質所組成，水又與人際關係相繫，壬水之人就像人際關係的潤滑劑，流行詞彙「腳骨軟Q」，有著兩個涵義，一是指身體層面的膝蓋柔軟度，中老年人時常從腳力開始退化，退化性關節炎與畏懼改變有關。

　　另一個含意則指卑躬屈膝、身段柔軟，不抗拒任何情勢變遷，懂得順應水本質的壬水之人，機靈多變，骨骼通常也比較強健。

◎壬水之人　愛恨加情仇、多情總為無情傷、情字路上好修行

　　水本就與情愛欲望相依存，「欲」這個字正似水穿梭於溪壑間，欲求難以滿足。「望」說文解字：「望，出亡在外，望其還也。從亡，朢省聲。」所愛在外地工作，月亮陰晴圓缺變換，在水之濱痴痴等待。

　　清朝時，走西口的晉商，十幾歲開始學習外地經商，到六十歲退休前，一生中只有十多次返鄉探親機會，勞碌於事業的壬水之人，妻子容易體驗到琵琶行當中字句：「老大嫁作商人婦，商人重利輕別離，前月浮梁買茶去。去來江口守空船，繞船月明江水寒。」

　　壬水之人象徵大江大海，容易在情海中浮沉，江河蜿蜒曲折，壬水之人多才且多情，感情如水勢，也走著「波折」路線，自古多情空餘恨，好夢由來最易醒，計算機理論始祖圖靈，因為破譯了德軍情報，縮短了世界大戰時間，讓人類傷亡降到最低，但苦於同性戀情感，還為此而受迫害。

　　「浪漫」心藏在壬水之人的心中，多情總為無情傷，又因為水帶著記憶，因而對過往點滴念念不忘，例如：歌手王傑，年紀過了半百，依然在尋找著愛情靠岸落腳處。張雨生在「大海」那首歌，吟唱著「茫然走在海邊，看那潮來潮去，如果大海能夠帶走我的哀愁，就像帶走每條河流，所有受過的傷，所有流過的淚，我的愛，請全部帶走。」

　　對於壬水之人的男子而言，「左右逢源」的情感是他們人生必備調味劑，卻不是擺在第一位的選項。水不時溢流，他們有時處處留情，被認為過度濫情，事業、朋友都是他重要的成就版圖。

「滄海桑田」，世事無常、歷經滄桑，他們並不容易成為居家的新好男人，會汲汲營營於事業的壬水之人，愛情雖可以增強他們奮鬥的原動力，但固定不變的相處模式，卻也易使他們生膩厭倦，因此想要與野心勃勃的壬水男子共度人生，必須接受放蕩不羈、才華洋溢的他們，無法只將重心放在愛情上，他們有更遠大的理想。能夠耐住「望夫早歸」的寂寥，兼而獨立自主的現代女子，反而深得他們的心，這可以在前總統夫人曾文惠（丙火之人【密碼5】）身上看見，本質是太陽的她，能力高強、讓李登輝前總統無後顧之憂，專注於國事，直到李總統退休，方有較多時間相處。還有陳萬水夫人(庚金之人【密碼9】)，在癌症治療期間，堅強接受宋楚瑜先生奔忙於政治夢想，也許午夜夢迴之時，陳女士也曾有「悔教夫婿覓封侯」之嘆。

還有一種與壬水男子相處方式，經濟學分析大師吉姆·羅傑斯，妻子陪他走南闖北、跋山涉水，從冰島開始，行遍 116 個國家，橫跨 245,000公里，遊遍天下名山大川後，行萬里路找靈感，體悟到世界金融投資趨勢在亞洲，要孩子學會中文，於是舉家從美國移民到新加坡。

至於壬水女子，「天下自是有情癡，此恨不關風與月。」流水悠悠，她們比較不容易初戀就成功。河川也有暗礁埋伏，她們尋尋覓覓，卻難免所遇非人。當河道過度彎曲時，河流會自行改道，曲流因而脫離主河川，變成了「牛軛湖」，這訴說著壬水女子歷經「過盡千帆皆不是」，終於找到可以倚靠的另一半。「弱水三千、只取一瓢飲」，壬水的女子儘管遇到許多人，但只願意為了心中摯愛的那一個人，將一泓清水化為涓涓柔情。能夠擄獲壬水女子芳心者，必有其過人之處，多數是能力不錯、機敏、懂得變通的男子，壬水女子頗懂得情趣及經營婚姻之道，不會讓婚姻走向一灘死水，如國父的妻子宋慶齡女士。

◎壬水之人　水性潤下、喜蓄藏
　　結交三教九流、莫沉淪於爭權奪利

　　長江中下游地勢平坦，因為氣候溫暖潮濕，具備優異自然條件，除了河湖稠密、水網遍布，向來有「水鄉澤國」稱號，包括五大淡水湖。湖泊具有許多功能如灌溉、航運、養殖和觀光等。此外，湖泊還可以調節水量，防止洪水氾濫。

　　戰國時期秦國太守李冰與兒子李二郎，組織巴蜀民眾修築了都江堰，成就了「水旱從人、不知饑饉」的天府之國，德澤廣被兩千多年，所以壬水之人喜歡蓄財，累積財貨，也喜歡看到不同帳號數字增加，無形中會讓他們有安全感，像是有備無患，以防不時之需，這種屬於金錢數字方面的天分，像是銀行家（banker），從小就能看見特質，例如吉姆、羅傑斯從五歲就嘗試販售花生賺錢。

　　壬水之人的使命是滋潤萬物，以利生長，象形字典當中提到，「滋」是將絲帛放在染池中浸染上色。＜說文解字＞云：「潤，水曰潤下。從水閏聲。」「潤」若當動詞使用，還有替絲帛局部染色之意，可「潤色」不少，水在滋潤萬物之際，也因長久浸泡而遭遇考驗，壬水之人是真切地在水的課題中翻滾，宛如是墜入一個社會大染缸，「近朱者赤、近墨者黑」，就如前面提到的李登輝前總統，為了與外省籍勢力抗衡，需要台灣省籍在地人支持，附帶引發的「黑金勢力」問題，即使他已卸任多年，依然受到史學家的評議。

　　江湖之水，本就藏汙納垢，河川優養化算是正常現象，水域形成後，伴隨著堆積物增多，水位越來越淺，最後變成擱淺的沼澤，再逐漸陸地化，現代人排放廢水、氮和磷垃圾，讓藻類大量生長，水發臭、混濁、氧氣被藻類吸收，導致魚蝦無法存活，於是成了一條讓人避之唯恐不及

的死寂河流，這便是壬水之人要深思自省的問題。

事實上這樣的案例也是多不勝數，例如：前總統夫人吳淑珍女士（壬水之人），具有理財旺夫的天分，也許他們本身覺得「人在江湖、身不由己」，只是本該「淑世」、「經世濟民」的利眾水源，竟淪為中飽私囊，讓陳前總統深陷貪汙泥淖中，無法自拔。

「謙受益、滿招損」，對於接近權力核心或是身居上位的壬水之人而言，水杯滿了就要倒掉，才能盛裝新的水，不斷進行河川淨化工程、定期清理泥沙淤積，才不至於讓溪水暴漲，同時也有「活水」效應，這其實非常重要，像是南韓前總統盧泰愚，因貪汙、侵吞政治資金而被逮捕，銀鐺入獄。

人體之中，其實也有著如湖泊般具調節水分功能的器官，壬水之人的『壬』對應器官的是「膀胱」，中空圓形，位於下腹部中央，儲存腎臟流下的尿液，發揮如水庫的功能，到達「洩洪臨界點」，大腦便會號令排尿。膀胱頸及尿道括約肌若彼此協調放鬆，尿液即可順暢無阻、完全排出。但若膀胱無力收縮或是尿道阻塞，排尿會出現障礙。若是膀胱過動，還會引起頻尿以及尿失禁，我們很遺憾地發現——壬水【密碼1】的人們，如果金錢運用無度，肉體時常對應呈現膀胱疾病，像是吳淑珍女士，多年來苦於排尿困難。

又如北韓領導人金正恩，嗜吃魚子醬，在西元 2014 年得了痛風帝王病，臥床甚久，這也屬泌尿系統疾病，北韓每年提供百億供應其豪奢生活。至於其他密碼的芸芸眾生，膀胱問題也像金錢觀自我檢測工具，例如陳前總統便在獄中，有了嚴重的尿失禁問題。

壬水之人的聰明是天生的，但是，聰明並不等於智慧，如果把聰明＋智慧＝K（一個常數），減去了越多聰明，就剩下越少的智慧，所以許

多壬水之人常常犯了「聰明反被聰明誤」的大忌。

◎壬水之人 今生須學習將聰明轉化成智慧，才是真正完成使命

河川有所謂的「襲奪河」現象，因為分水嶺被侵蝕，遭到低水位的河川襲奪，本來的上游變成斷頭河，聰明過頭而缺乏智慧，便會把江山拱手讓人。

人類史上頭一樁「非法吸金」採「老鼠會」組織的金融詐騙案，起於義大利人龐滋（壬水之人），跨海行騙於美國和加拿大，稱為「龐氏騙局」（Ponzi scheme）。在西元1919年在波士頓成立空殼公司，許諾投資者可在四十五天之內獲得50%的利潤，或在九十天之內獲得100％利潤，這並非公司真的賺到錢，而是龐氏利用新加入的投資者資金，當成快速盈收，付給早期投資者，最早期的投資者，因為口袋賺飽飽，成了行動文宣，如潮水般吸引更多親人入甕，短短七個月內，龐氏吸引四萬多名投資者，因為後續參加者，流入金額已不足給付，當牛皮吹破時，最下線的投資者蒙受了巨大損失，這樣的西洋鏡竟然持續了一年才被拆穿。

龐滋曾因竊盜而被解僱，在加拿大擔任銀行櫃員，由於經商詐騙，遭加拿大法院判監三年，回到美國，再捲入販賣人口，被囚禁於亞特蘭大，沒想到他不思改過遷善，反而認為操作金融工具可最快成為爆發戶，在他精心規畫的騙局中，他迅速賺取數百萬美元，買下超級豪華別墅、名牌西裝、鑲黃金拐杖、鑲鑽菸斗，送給情人高價珠寶，在金錢謊言泡沫化後，被控八十六項詐騙，由於案情嚴重，被判入獄多年，出獄後竟又繼續從事金融詐騙，於是蹲了更久的苦窯，後來被遣送回祖國，歪腦

筋再度動到墨索里尼身上，只是奸計無法得逞，生命最後幾年，饑寒交迫，心臟病、腦中風引發半身不遂、視力退化接近全盲、「全組壞光光」，身無分文，淒涼死於巴西的慈善醫院。

龐滋的案例，算得上是壬水之人的經典教材，自然界的江海、湖泊，其實都是照拂眾人所用，如果只想竊取或私吞，下場就是如此慘烈。因為大自然水循環過程，從未有貧富貴賤之分，想要「自肥」便走向乾涸的命運。

從自然界中觀察，原本是中國第一大淡水湖的鄱陽湖，之所以逐漸變小，主要是因為湖邊人家圍起土地進行農耕。還有新疆羅布泊，因為上游河道被堵住，加上沙漠中日照蒸發強烈，三年內就讓這原本多水匯入的美麗湖泊，完全消失在世界地圖上。那千年前曾經動人心魄的樓蘭古國，與羅布泊一起哀傷地塵封於漫天沙塵中，並被歸入死亡區。對於壬水之人而言，當內在慾望如溪壑般深廣難填時，無法用更多智慧之水加以判斷或抉擇，最終便是大江東去、成為空歡喜一場的過路財神，只是一場戲、一場夢。

◎壬水之人 反應快、表達能力強、話鋒隨機而變
　　　　　　須常過濾並淨化自我及環境

唾液（又稱津）潤滑食物、幫助消化、拔牙流血、口腔有外傷時，還能發揮止血、治傷、抗菌作用。中醫有句話：「留得一分津液，便有一分生機。」遇到酸苦之味，唾液還能加以稀釋，甚至被譽為：「金漿玉液、華池神水、甘露、醴泉、天然抗癌劑」，方知三郎發現的腮腺激素，被學者歸類為「返老還童」的荷爾蒙。

李時珍說：「道家語之金漿玉醴，溢為醴泉，聚為華池，散為津液，

降為甘露，所以灌溉臟腑，潤澤肢體。」對應到壬水的口語表達上，他們具有這樣能力，讓人聽完他們說話，如飲甘露。

壬水之人天生口才好，除了因為聰明，與其本質息息相關。「口若懸河」、「雄辯滔滔」，表達能力卓越，辯才無礙、用詞流利，非常適合靠嘴巴生財，成為演說家、諮商專家或是業務人員，都極具說服力。說話輕柔文雅，如潺潺水聲，水流舒緩，平靜無波，讓人的心像被燙熨平整，心境溫暖、開朗平和，對於喜歡統籌管理的壬水之人，要牢記自己語言溝通的威力，溝通不是為了爭論誰是誰非，而是為了理解彼此立場及協調彼此觀點的差異。

居於管理階層的壬水之人，正如卡內基所說：「如果你是對的，就試著溫和地、技巧地讓對方同意你；如果你錯了，就迅速而熱誠地承認，這要比為自己爭辯有效和有趣得多。」

紀錄片＜狂野印度＞介紹了恒河的奧秘，這條印度聖河，污染嚴重，但在沿岸人口密集區域，歷史上卻從未出現大規模流行疾病，印度人認為喝下這水可淨化身心靈、永保安康。二百多年前英屬東印度公司貨船，補充恒河水後，經過幾個月的長途航行，發現恒河水甘甜沒有變質，現代科學研究也發現恒河中含大量噬菌體，越多細菌則噬菌體繁殖更快，在二十五分鐘內就能將細菌全數殲滅。恒河水竟然具有「自我淨化」能力，是世界上所有河流中水體含氧量最高的，於是垃圾、污水等有機物，得以分解，對水體不構成危害。從自然中便能體會到身為壬水之人，『自我淨化』是重大的課題。

即使是家中的熱水器，使用一段時間後也會見到「水垢」，水因為礦物質含量的高低，又分為軟水及硬水，硬水硬度太高口感差，軟水硬度太低容易發生心血管疾病，軟硬適中才最適合人體吸收。

壬水在自然生態中，無可避免地會變髒污，野外露營、烹飪，山泉之水，尚且需要加熱煮沸，方能飲用。

〈蘭陵王〉劇中，天女楊雪舞，當貧民窟大鬧瘟疫時，利用木桶上鋪塊布，加入細沙、碎石和大石頭，倒入污水，再過濾幾次，水就變清澈了。現代人在野外生活中，也可將紗布置放寶特瓶瓶口處，由粗到細，加入活性炭顆粒及石頭，活性碳孔縫用來吸附雜質及色素，倒入汙水後，就能把汙水過濾成淨水。無論古人或現代人，都知道溪水必須經過不同步驟過濾處理，才能得到淨化。電影大話外傳：「人在江湖走、萬事多留心眼。」千萬不要傻傻地被吞沒於烏黑沼澤中。

河水在中下游，總會看到從上游漂下許多異物，若手上有撈網，便可順勢撈起清理，若剛好飄來的是個潘朵拉盒子，打開後出現了各種麻煩問題，即是壬水之人動手處理「因果」問題的好時機，上源是因，下游是果，壬水之人遇到任何問題都要追溯真正的原因。

河川發育階段又分為幼年、壯年、老年期，若是地殼產生變動，兩側河階高度改變，會讓河川發生回春現象（rejuvenate），增強河川下切動能，挫折可以幫助壬水之人生命回春，去除事業、感情、人際關係等的多年沉疴，重新喚醒生命青春之泉的動力。

對壬水之人而言，他們的自我過濾及淨化方式，就是利用時間靜下心，檢視自己的語言、情感、錢財運用，是否踰矩或是亂了方寸？

利用時間沉澱水中雜質、重整腳步，再重新出發，正如前面提過的案例，身體狀況也是提供壬水之人自我檢測的依據。

◎壬水之人 發明與創造、積極努力創功績

「江」意指巨大的河流。甲骨文字「江」，「工」取其聲也取其形，

也是「巨」 的本字，表龐大，「江」被視為特別巨大的河流，除了有「精巧」之意， 與王有關，「王」有斧鉞之意，意指刀鋒利刃的工具。季旭昇認為與「矩」曲尺功能有關，張日昇則引申為「功績、工巧」，＜說文解字＞云：「工，巧飾也。象人有規矩也。與巫同意。」

＜孟子·離婁上＞：「不以規矩，不能成方圓」，水聰穎靈敏，才智泉湧，點子及創意源源不絕，藉由「江」造字本義，再一次說明了壬水之人本就有實現自我、立下功績的機會，只是做事必須遵循一定法則，行有所本、有所規範，這是「放諸四海而皆準」的道理。

河川在水流湍急處，下切力極強，「加深作用」侵蝕著河谷地形，代表壬水之人在專業上必須能夠深入，若是帶著沾醬油心態、博而不精，只想賣弄小聰明、應付了事，成就便會大受侷限。

＜論語＞中，孔子在川上曰：「逝者如斯夫，不舍晝夜。」過去的時光，如水一樣不斷流動，逝去就不再回頭，把握眼前的每個當下，對壬水之人是何其重要！奠定基礎之後，又因流量增強，河川會向兩邊進行側蝕，所謂「加寬作用」階段，汪洋大海，極目遠眺、水天相接，可容納舟楫無數，事業發展無往不利。

壬水之人好奇心熾盛，學習力佳，隨和而深受旁人歡迎，若能搭配上知天文、下至地理，擴大各領域的學習與接觸面，即可具有獨到見解，進而靈活運用各種訊息脈動。河川源頭會往上游增長，如此進行整體「加長作用」，這也提醒壬水之人「正本清源」之重要性，要正視家庭、事業、人際關係中最基層的問題，這些侵蝕作用發生在壬水之人的外在環境及自己身上，反覆提示著壬水之人，一開始做事霸氣十足，過程中卻常遇見磨難，正如同河流裡常有潭坑或壺穴、渦流，代表可能被訛詐或面臨看來過不去的「坎」(陷阱)。

電影月光寶盒:「人在江湖飄,哪能不挨刀?」壬水之人摔倒的時候,肯定也是痛苦難耐,但務必要拿出堅持執行到底的具體行動力,雄濤大略才能落實,生命之河方能細水長流。

黃馨祥是全美華裔首富,身兼醫生、科學家、企業家、慈善家,開創糖尿病和癌症全新療法,擁有近百項專利,他發明 Abraxane,以蛋白奈米顆粒轉運技術,在美國是第一個獲得 FDA 批准上市,目前廣泛用於癌症治療,這藥物可望在西元 2016 年達到十億美元銷售額。他售出之前創辦的兩家醫藥公司後,除了捐出一億美金贊助加州聖約翰醫院,也加入「樂於布施組織」,承諾死後捐出一半以上財產,現階段又全力打造 NantWorks 醫療網,目標是連結所有病人醫療數據,並與遺傳資訊配合,希望能徹底改變醫療保健,建立完善的醫療系統。「水到渠成」,他不正是發揮其本質,建立著如綿密水系的網路系統,同時他積極參與癌症疫苗、體內培植自然殺手細胞兩項研究,盼望將癌症從「絕症」轉為「慢性病」療法,數十年來停不下腳步、能量充沛、奔波不止息的他,正為自己生命不斷創造「療癒之泉」,如同長江中游湖北「千湖之省」,湖泊星羅棋布,在地表遍地閃耀著顆顆明亮珍珠,為了將療癒之水引入地球人類家中,同時也讓財富活水湧入自己家中。

壬水之人最怕的是偷懶怠惰,因為「流水不腐,戶樞不蠹」,流動的水才不會腐臭、門軸也需要常轉動才不會生鏽。台灣的河川因為地勢之故,大都屬於荒溪,颱風帶來的巨大雨量,立刻讓河川暴漲,可是也很快就流洩出海,這恰可以提醒壬水之人-「虎頭蛇尾」與「荒溪」並沒兩樣,露出河床的淺水,連戲水都乏人問津。

達文西說:「水若停滯,便失去純潔,心不活動,精氣立刻消失。」對壬水之人而言,保持生命活力是健康及致勝之道,況且「長江後浪推

前浪、前浪死在沙灘上」，後半段雖是玩笑話，但如果還不想把握時機「急流勇退」，那就選擇站在風口浪尖上，不斷奮進吧！

◎壬水之人 水流遍野、匯大江、奔大海、普利天下

以色列即使面臨最嚴重乾旱，人民卻絲毫不必省水，國家有三分之二是沙漠，因為他們研發了海水淡化，以色列光是靠水技術公司，每年可賺進十多億美元外匯。ＩＤＥ使用逆滲透淨化技術，耗電量低，卻讓鹹水在九十分鐘內，變成可飲用的淡水，成功演出聖經中「摩西磐石取水」故事。

柯哈維的 Water-Gen 公司，發明「空氣製水機」，能將空中的水氣凝結，製造飲用水，以色列竟然變成一個水資源富裕國家，連農作物都可豐收並出口，因為運轉智慧之水，讓以色列真的變成充滿牛奶和蜂蜜的土地，壬水之人只要與高層智慧接軌，就能夠化腐朽為神奇。

被讚譽為具神人級頭腦的達文西，沒上過中學，沒有正式學歷，但藉著不斷觀察、自學、自我提問，發揮他水的天生本質，一點一滴累積而來，「厚積而薄發」，而能發揮長才，為人類做出許多貢獻。因為算是私生子，他五歲之前與母親及外祖父母同住，缺乏父母的陪伴之下，他喜愛觀察故鄉的小溪，並構思如何整治河川，思考如何解決洪水問題，成年後，他親自主持運河灌溉工程，他所興建的水庫、水閘、攔水壩，推動農業生產的發展，因此被視為水利工程的鼻祖。瀑布、溪水、噴泉的水花，能產生負離子，又叫「空氣維他命」，可以淨化人體血液、提升免疫力、消除焦慮，讓人通體舒暢，智慧如泉湧的達文西，就像是帶給世界無數的負離子，利益了無數的眾生。「水力發電」其勢浩壯，也顯示了壬水之人可以產生極大的動能，催生許多新事物。

從年輕到年邁，達文西始終與水保持緊密的連結，那恰好是他的靈魂本質，於是身處大自然中，他的靈感就源源不竭。

達文西對於思考大自然現象，終身充滿熱情，正如前面所述，童年經驗深深影響著壬水之人，他專注於探索自然，研究人類肉體的外在與內在，渴望深入了解萬事萬物，希望協助眾人對世界有全新的理解，水其實一直在融合匯聚中，不分你我他。

他在書中提過：「上天有時將美麗、優雅、才能賦予一人之身，令他之每個面向皆是超群絕倫，這顯示他的天才，其實來自上蒼，而非憑人間之力。他僅有人的力量，卻懷有神的無限幻想。他無法在短暫人世生命之中，盡展芳華。生命之火即將熄滅時，他慨嘆一事無成。」

從文字中可以窺見達文西的謙卑，將榮耀歸於上蒼，由此可見他的謙卑。綜觀其一生，就如老子在<道德經>所言：「聖人不積，既以為人，己愈有，既以與人，己愈多。」對於壬水之人而言，智慧之水給出越多，迴流到自己身上將超乎想像，莫忘記水是會循環的！

另外還有牛頓(壬水之人)，父親在他出生前三個月病逝，成了遺腹子，還同時是早產兒，極度瘦弱嬌小，母親只能不停禱告，並且從小告訴他：「這樣惡劣的先天條件下，你還能活下來，表示冥冥中，神是有所安排，讓你留在人間有所作為。」

童年母親話語，讓他更珍惜自我，雖然母親再嫁，將他拋在鄉下與祖父母同住，他非常內向、沉默，家境貧困並沒有阻礙他認真學習的心，邊當牧童邊下田，邊抽空念書，熱愛操作及實驗，一路拚搏、進了劍橋大學，二十七歲便當上教授，地心引力、微積分、光學三稜鏡，至今還為後人所津津樂道，因為遭受嫉妒，無法融入研究學者圈，甚至因為單身，被說是同性戀。

「江湖是非多」，牛頓也曾遭受許多挫折，信仰及大自然讓他找到情緒出口，他選擇包容、忍受，用更專業的科學研究，滴水穿石、逐步滲透、改變了其他人觀點，他說他研究大自然，就像進入圖書館看書，不見得每本書都看得懂，他相信每本書都不是偶然產生，因此，他抱著探索真理心態來研究大自然。牛頓後來花更多時間研究聖經，寫出解經的書甚至多於科學書籍，他就是想要深入研究真理大海。

詩人亞歷山大‧波普 (Alexander Pope) 特意為牛頓寫下墓誌銘：「大自然及大自然法則，隱藏於黑夜之中；上帝說，讓牛頓來到人間，於是，萬事萬物就化為光。」

Nature and Nature' law lay hid in night；

God said, "Let Newton be," and all was light.

達文西與牛頓帶著巨量清淨的智慧之水來到人間，一生無憾，因為時至今日，他們仍普利人間，為後世所景仰。

◎壬水之人 笑傲江湖、瀟灑走一回

金庸武俠小說「笑傲江湖」，頗值得壬水【密碼 1】的人們玩味省思，「任我行」象徵著「任性妄為、以我為大、攻擊撻伐、任意而行」的負面之水，他被東方不敗關在西湖底下十餘年，在暗無天日中承受考驗，卻沒有被這樣的折磨打倒。原本他不屑東方不敗，總要眾人跪拜歌頌，當他重登教主後，剛開始還覺得那是阿諛奉承，聽久了卻很順耳，還多加了『「聖」教主文成武德，仁義英明，中興聖教，澤被蒼生，千秋萬載，一統江湖』，認為自己更加偉大。

字典中「壬人」有巧言諂媚之意，但「任」又有承擔責任、以天下興亡為己任、帶來智慧之水的人，任我行游走在鋼索上，選擇了前者，

只是當他在朝陽峰上，享受眾人大拍馬屁，甚至覺得自己凌駕於孔明、關羽之上，他甫站起，教徒恭敬跪拜，如陽光打在水上閃耀動人，彷彿天神下凡的威風，但就在最璀璨那一刻，他還祈求著「但願千秋萬載，永如今日」，話語剛落，氣絕而暴斃，他見多識廣，機巧異於常人，可惜換了位置、換了腦袋，這是壬水之人的高階主管或領袖人物需要深思的－「權力使人腐化、絕對權力使人絕對腐化。」

　　另外一位主角令狐沖，原受教於偽君子代表人物岳不群，雖然自己言行不一，但他強調一成不變的制式化劍法，也嚴格要求徒兒的品格，偏偏令狐沖放浪形骸、愛喝酒、喜交友，從其姓名便可了解－「讓狐群狗黨沖激」，愛情也讓他不斷深受打擊，自小深愛師妹、師妹卻愛上別人，他學會守候及默默付出，直到遇見風清揚，以如風的靈動教學方式，釋放了令狐沖被禁錮的創造力，成功抓住獨孤九劍訣竅，這也無非多虧了他曾經先打下品格基礎，受到岳先生規範，他的內心始終帶有一把尺，知所進退，沒有被名利慾望沖昏了頭。令狐沖在險惡江湖中，經驗了「上沖下洗」，他是為了權勢名利出賣自己？還是回歸本質，繼續做真正的自己？

　　『沖』，古字為盅，段玉裁＜說文解字＞注：「盅，虛字今作沖，沖行而盅廢矣。」，「盅」原意表中空器皿，也引申為虛空。「盅」又稱為茶海，茶水匯入其中，為免茶葉泡久會苦澀，於是先倒入茶盅，然後再倒入飲茶者杯中。泡好的茶反覆倒入茶盅內，於是沖出了不同的味道，運用虹吸管原理，貪心想多飲用的雅士，反而會全部流失，因此又被稱為「公道杯」。

　　「知足者水存，貪心者水盡」，無論盛酒或茶水，保持淺平有水喝，否則就全數漏光，一滴未存。這也就是令狐沖前半生旅程，讓江湖最邪

惡的力量、最心碎的愛情沖刷，而「公道自在人心」，「如人飲水、冷暖自知」，只有他知道箇中滋味。

「冬瓜盅」也是道名菜，要先將冬瓜挖空，美味餡料加水放入，在鍋中燉煮，從清水加熱變成人間佳餚，這也正是令狐沖學習到的水智慧－謙沖為懷，心如大海深廣，自然福德難思量。

任我行的女兒任盈盈，「盈」滿器，臣鉉等曰：「及，益多之義也。古者以買物多得 及，故从及」。盛水之器滿盈，情感、語言、財富豐盈，任盈盈曾經嗆辣乖戾，卻又保持端莊守禮，善解人意，傾心於令狐沖，用似水柔情陪伴他走出情傷，始終謹守孝道又不背情義，兩人發展出革命情感，將重傷令狐沖揹到少林寺，不畏死，一心只為救情郎，這是至情至性江湖兒女情長。

後來因著任盈盈機智，協助父親重奪教主之位，在任我行猝死後，她接任教主，但已無心戀棧權位，淡泊於名利的她，於是與令狐沖攜手離開，浪跡於天涯。清代詩人龔自珍：「不是逢人苦譽君，亦狂亦俠亦溫文」，充分說明了壬水之人的豪氣！

沒有清水流入的內陸湖，鹽分越來越重，蒸發之後，難脫消失的命運，連土地都難以耕種，但有淨水流入的淡水湖，就像大儒朱熹所言：「半畝方塘一鑑開，天光雲影共徘徊；問渠那得清如許？為有源頭活水來。」

任我行對令狐沖說：「只要有人就有恩怨，有恩怨就有江湖，人就是江湖！要怎麼退出江湖！？」並非要壬水之人遠離塵世，而是壬水之人需要不斷打開自己的源頭活水，就不容易「同流合汙」，本身更要飲水思源，感恩之心可以提升正面水能量。

壬水的生命歷程，也猶如伊甸園四條河流的故事，第一條白白湧流，目的是為了助人成長；第二條基訓河，強大的眾水澎湃，要助人改變，

第三條河希底結，象徵大有能力，這階段因為已然經歷成長及改變，於是流到了平原，享受榮耀的豐收；第四條河伯拉，帶有甜味的樂河之水，盡情啜飲生命甘甜。

老子＜道德經＞云：「道沖而用之或不盈，淵兮似萬物之宗。」、「大盈若沖，其用不窮」，當壬水之人與神性源頭接上，就像是浸濡於神性的大海，盈滿而無窮盡，生生不息，充滿源源不絕的活水。

聖經說：「我們雖經過流淚谷，卻叫這谷變為泉源之地（詩84:6）」。鹽海的水會變為甜，與高層心靈相遇，就遠離匱乏，得著活水的泉源與江河。

在水之濱，河水吟唱不輟，如 OM 嗡聲迴盪，讓人不免憶起了羅貫中（三國演義）中西江月詞：

「滾滾長江東逝水，浪花淘盡英雄，是非成敗轉頭空。
青山依舊在，幾度夕陽紅。 白髮漁樵江渚上，慣看秋月春風，
一壺濁酒喜相逢，古今多少事，都付笑談中。」

壬水之人來人間，瀟灑走一回、笑傲江湖，與友飲酒品茗之際，但聞滄海一聲笑！

◎四季之中的壬水之人

· 春季之水（民國５１年、民國４１年、民國１０１年出生者）

春初之水（民國５１年出生者）：融雪的初春，要苦熬方能出頭天，常遇見挫折，有時覺得懷才不遇，需要穩定心性，隨時做好準備，當機會來臨才能盡情發揮，代表人物是王傑。

春末之水（民國４１年、民國１０１年出生者）：像是滿水位的水庫，會累積智慧及經驗等待表現，有時行為態度較乏節制，會引發無妄之災。有仁德之心，願意濟弱扶傾，須懂「謙受益、滿招損」之理，人物代表如企業家黃馨祥、吳淑珍。

· 夏季之水（民國３１年、民國９１年出生者)：像是夏季的一場大雨，喜歡有美感的事物，能和氣生財，與人合作時，避免爭功，水火既濟，就能各司其職，展現自己才能。代表人物是牛頓、宋楚瑜、吉姆．羅傑斯、龐滋、胡錦濤。

· 秋季之水（民國２１年、民國８１年、民國１１年、民國７１年出生者）

秋初之水（民國２１年、民國８１年出生者）：如同颱風大雨，成與敗都在瞬間發生，有同情心而不善於表達，行為有時衝動、魯莽，會做出人讓人意想不到之事，做事努力、有恆心，代表人物是達文西、盧泰愚。

秋末之水（民國１１年、民國７１年出生者）：高山之水，水流急促，奔波操勞，較勞心勞力，思想與見解有時會有兩個極端拉扯，也可一心二用，最好能學習趨吉避凶之法，可因而避災，代表人物是李登輝、楊振寧、金正恩。

· 冬季之水（民國６１年、民國１年出生者）：為冬季的冰雪，行

動與思想會處於矛盾中，自我主觀思想較重，即使知道錯誤，也不願意調整，會導致自己陷入危險，必須透過一些逆境，體驗成長，代表人物是吳健雄、袁家騮夫妻、艾倫.圖靈。

【靜心時間】

壬水，水性潤下
水會往低處流，如果【低】是【機會】，那你是否可以看見……
去看見壬水趨往的足跡，這其中包括了【表現】、【爭取】的好時機。

【第十節】 成功的第十把鑰匙：
癸年生者【密碼2】

「癸」，以民國紀年，農曆出生年分尾數為2的人，其天干就是癸，例如：民國12年、民國22年………等出生的人，男女皆同。稱為【密碼2】

　　　　冰困三尺寒峻天
　　　　凝欲化水成湧泉
　　　　遇日吉祥待春暖
　　　　撥凍霑露可見仙（李太白粉）

◎癸年生者：**心胸坦然境界開，靈性喜悅自然來。**

古今知名人士如：倉央嘉措、梵谷、墨索里尼、費雯麗、布萊德彼特、習近平、毛澤東、孫運璿、蔡正元、林清玄、藍潔瑛、金城武、三毛、鳳飛飛、戴勝益、張艾嘉、鄧麗君、黃小琥、梅艷芳、李連杰、吳東昇、賴利佩吉、謝吉布林(谷歌網路公司)、汪精衛(兆銘)、李鴻章等。

癸 　撥困見天

癸水之人【密碼2】在物質層面，代表雨、露、霜、雪水、汙水、地下水、使用過之水、未轉化的水。在靈性精神層面則是代表轉化過的水（智慧）、蒸發而上的水氣、不含雜質的水。

壬水之人【密碼1】與癸水之人【密碼2】皆屬於水，癸水之人【密碼2】是十個天干（密碼鑰匙）的最後一個，意義更加非凡，像是世間旅人遊遊蕩蕩，終於到達最後一站。從甲木之人【密碼3】開始，像玩大富翁遊戲，一步一步走到了癸水之人【密碼2】。

　　大自然裡所代表的每一個天干（密碼），背後都缺不了水，水參與著生命造化的每個過程，水可不是跑龍套，而是每個密碼都需要它們熱心地嘎上一角。

　　沒有天上地下的水，植物何以成長？

　　若是缺乏可調節溫度的水，海底火山噴發的熱熔岩，造陸時間要耗費更久。水用到最後，髒汙實屬必然，但自然界又何其神奇？

　　水髒了，陽光、溫度幫助水蒸發，新的水循環開始，然後天際再度降下「恩雨」，讓生命劇情可以永續地寫下去。

　　癸水之人【密碼2】象徵飽經風霜的老靈魂，多次來地球學校選修課程，終於到了繳交期末報告階段，惴惴不安地等待成績揭曉，想知道是否需要再重補修？

　　癸水之人【密碼2】與壬水之人【密碼1】有相同課題，就是「智慧」的提升與轉化，二者合起來呈現水的剛柔並濟，個別來看，癸水之人【密碼2】動能比較不足，強調其靜止面，算「無源無根」之水。

　　西遊記第六十九回中，孫悟空說：「井中河內之水，俱是有根。我這無根水，非此之論，乃是天上落下者，不沾地就吃，才叫做無根水。」孫悟空指的是取雪水、露水、細雨等「無根水」。

　　史記‧扁鵲傳：「　是以上池之水」，神醫扁鵲喝的上池水，指的是尚未碰觸地面的天上水，承取露水及竹木上的水再加以入藥。無根水可作為藥引、製藥材料，可與藥物同時服下，也可當成敷藥，本是「黃河

之水天上來」，最純淨的水，一旦落了地、被迫「沾塵」，從「至淨」變成「至污」，這真是癸水之人口不能言的無奈，也註定他們的人生拉鋸戰。

天水又稱「靈水」。田藝蘅說：「靈，神也。天一生水，而精明不淆。故上天自降自澤，實為靈水也」。「靈」雨是老天降下來的雨水，代表著老天的訊息，神所賜的智慧，從上天來到地球。

為何有『雨水』？因為各地集結而來的水蒸氣，到了天空變成雲之後，每一個地方的因緣不一樣，等到了時間、空間種種因緣俱足之後，才會到了別處再降下來。

從老天的角度而言，從天而降的靈體，便是生靈，每個雨滴就像一個生命，無數靈子從天而降到地球來，如同雨滴般，再根據這些靈子的因果及功果。所以我們每個人降世人間，要經歷一段時間，每個人出生有條件，就像雨水要降落下來，也必須先滿足特定條件。

「靈」字上頭的「雨」，「雨」談到我們人完整輪迴的過程。從靈學角度，可以看到所有人在人世間經歷生老病死，然後到另一界天等待輪迴，從天而降，三個口就是「人間入口」，每個入口都不一樣，而這入口奠定你這個生靈會投生到哪個區塊？哪個位置？

靈體進入人間入口後，「雨」還在「靈魂」階段，進入人間入口後，再到「工」字，才能到這地球來。「工」代表連接天地，靈體進入人間入口後，「工」代表人在宇宙之間的意義，上面一橫代表「上天」，我們受上天呵護，下面一橫代表「地」，我們受地的承載，在天地之間，中間一豎代表在宇宙天地之間，這個人才有生存意義，才能完成你要做的事情，這樣一來，工字旁邊「兩個人字」才具意義，「人人為我，我為人人」，在天地之間，沒有人可以獨活，如果沒有幫助別人，自己也

會孤立無援，你就無法幫助到自己。

杜甫、春夜喜雨：「好雨知時節，當春乃發生。隨風潛入夜，潤物細無聲。野徑雲俱黑，江船火獨明。曉看紅濕處，花重錦官城。」幫助他人的春雨，象徵體恤他人的癸水之人，為世界妝點出花紅柳綠。

「巫」是古時祭司，代表當你在人世間，你要渡化自己及別人，當你完成使命，就會成為『巫』，代表成為品格高尚之人，即使在人間界受到無數考驗，依然頂天立地，成為宇宙天地之間的溝通橋梁。

西藏有個美麗古老的傳說：遠古以前，觀世音菩薩俯視眾生，看見他們在生死輪迴大海受苦而無法被救渡，內心不捨而流下了悲憫淚水，左眼的淚珠成了白度母，右眼的淚珠則成了綠度母，「淚如雨下」透過悲心之淚，協助觀音救渡苦難眾生。

阿茲提克神話中，有位「雨神恰克」，身兼雷電神、豐產神、農業神，在東南西北四個方向，紅黃黑白四色大缸，協助人們布雨取水，他的外型上有著尖長鼻，彎曲獠牙，一正一反空心 T 形是眼淚，也象徵「雨水、豐饒」，關乎於瑪雅人農業收成，傳統瑪雅巫師與雨神之間關係密切，擁有豐富祈雨知識，癸水之人既然具有雨水本質，「利益眾生、享有豐饒人生」，也會顯化於他們身上。

◎癸水之人 童年點滴譜寫出終生樂曲的旋律主調。

壬水之人【密碼 1】與癸水之人【密碼 2】的童年，都會影響著他們一輩子，癸水之人【密碼 2】若是遇到原生家庭親子問題，更是註定終生需要與因而衍生的負面情緒問題戰鬥，也容易走上極端，不是成為探索自我者，否則就是一路困在負面情緒中，求出無期。像是鐘乳石洞中水滴，到處不斷滴滴漏漏，這樣的人生，日後不斷需要進行內在「抓

漏工程」。

例如義大利的獨裁者墨索里尼（癸水之人），他是鐵匠之子，父親是無政府主義及無神論者，投身社會主義，使他從小耳濡目染。此外，他的父親性格暴躁，喝醉酒便揮拳打老婆，也常體罰兒子，母親是教師，會帶他上教堂，這一種衝突矛盾的教育，讓他更加性格乖戾，狂熱而偏執。他幼時喜愛養鳥，某次偷了隻畫眉鳥，後有追兵，他卻寧可拼命逃跑，死也不肯放棄這隻偷來的鳥。更因為時常在學校模仿父親，發起抗議活動，加上常衝突打鬥，多次被學校開除。

也曾經流浪於瑞士和奧地利，從事多種勞力工作，時常居無定所、手頭困窘。也當過教師，因行為不檢被解職，找工作常碰壁，於是非常厭惡有錢有勢之人。也曾編輯報紙，因鼓動戰爭思想而入獄，他自認是在苦難中長大，困苦是唯一伴侶，甚至認為人間沒有溫情與慈悲，有的只是冷漠、自私、暴力及仇恨，由於此錯誤認知，他將法西斯主義變成席捲世界的可怕狂潮。

美國名主持人歐普拉被生下時，母親單身且未成年，與外婆同住鄉間時，接受嚴格打罵教育，回到母親身邊，因為家庭不健全且貧困，十歲被性侵，多次被侵害之後，十四歲懷孕生子，兒子出生不久即夭折，後來被父親及繼母接去同住，父親要求她努力學習、廣泛閱讀，每週寫心得，讓她建立從閱讀中汲取正能量的習慣。

由此可見，尤其是癸水之人【密碼2】的孩子，童年播下的習慣因子，會跟著他們一生一直攪和下去。

◎癸水之人　生性浪漫、氣質儒雅、對現實充滿了幻想。

紅樓夢中的才女妙玉，個性較孤僻，她曾於佛門清淨地內梅花樹上，

採集殘雪，並且貯存於花甕中，在地底埋了一年，煮雪水烹茶來宴賓客，具有出凡的雅趣。騷人墨客常「閑烹雪水茶」，例如白居易曾兼飲雪水茶，『雪』總給人無邊浪漫遐想。

對癸水之人對應的中國象形文字是「癸」 ※，外型也像雪，天際飄落而下的雪花，每一朵都是對稱六角形，獨一無二的造型，癸水之人不分男女，都帶著典雅氣質、溫婉有餘，在不太熟的人面前，比較內向沉靜，期待他人如野地踏雪而來，讚嘆他們的獨特，往往如漫畫中的男女主角，閃著夢幻眼眸，等待對方以熱情將他們融化。

但癸水之人既與霜雪有關，彼此因緣條件不足，便能見識到他們「冷若冰霜」，門扉緊閉。「冰山」露出水平面上，但「暖化現象」也會讓冰河消解，一開始通常癸水之人不是那樣主動，只會低調地給對方機會，而非那樣明目張膽，像是汪精衛也是妻子陳璧君苦苦追求多年，才與之共結連理。

無論是雨或是雪，都是在不特定地點出現，所以癸水之人的愛情往往產生於偶然之間，因緣聚合，相親、偶遇，一場大雨、地上便有水漥，一場初雪，天地夢幻，突然看對眼了。癸水之人在感覺對的情況之下，與對方相守，但就像是雪，美則美矣，想像與現實是有著落差。地上的

雪，真實去碰觸，不如空中那樣雪白，雪地滑溜溜，駕車加雪鍊可保命，但仍須理智地慢慢行，只是癸水之人一旦愛上了，就盲目無法看清現實真相。

例如：電影中亂世佳人的女主角費雯麗，十九歲認識長她十三歲的首任丈夫，兩人一見鍾情而結婚，她為此放棄學業、也暫時放棄演員之夢；又像是在埃及與歐洲流浪的三毛，發現小她好幾歲的荷西癡心守候，感動之餘便嫁給他，在西班牙鄉間過著純樸主婦生活。還有鳳飛飛小姐，27歲與先生經人介紹認識後，毅然決然放棄如日中天的演藝事業，全心全意走入家庭。

露水也是癸水之人的形式之一，在清晨或夜晚出現，低於露點時，汽化水才會轉成液態，再變成露珠凝聚物體之上。最常出現於仲夏時節，露珠出現的時間往往「見不得光」，「露水姻緣」屬地下秘密戀情。

唐代劉威早春詩：「曉來庭戶外，草樹似依依。一夜東風起，萬山春色歸。冰消泉派動，日暖露珠晞。」太陽出來了，露珠便消失無蹤，未成熟的戀情也因而早夭，癸水之人的感情難以一帆風順，因為本質使然，就像梵谷的感情之路，剛開始苦澀單戀，後來姊弟戀又遭到家人反對，始終無法修成正果。還有如鄧麗君譜寫了幾回戀曲，本論及婚嫁，男友卻猝死，感情如雨露、斷斷續續。或者如奧斯卡影后費雯麗，在第一段婚姻失意期間，便與影帝奧利佛羅倫斯墜入情網。林清玄先生也曾因為情感問題，引發他出版事業重大的挫折。

癸水之人也屬汙水、用過之水，癸水之人在感情上常有再婚現象，或與再婚者攜手結婚，或是婚姻走過死亡幽谷，再二度活化重生。就如墨索里尼除了兩段婚姻，另有許多的情婦。費雯麗公開結婚兩次，即使有了新伴侶，與兩位前夫依然「勾勾纏」。汙濁之水，需要時間靜置，

才能慢慢沉澱，變成清澈。而她不斷地擾動心池之水，所以每個與她相關的情郎，即使已經離異十來年，依然糾纏不清，其他人也想跳脫而出，卻像是被牢牢抓住一般，只要費雯麗失控召喚眾人，一干人等便自動對號入座，直到費雯麗往生，這樣的情緣糾葛才正式宣告落幕。

◎癸水之人 深陷負面情緒循環、沮喪無助、暗夜啜泣

情感撞牆狀況，也可能複製發生在癸水之人的親情及夥伴關係上，癸水之人對應於『癸』字，史記云：「癸之言揆也，言萬物可揆度，故曰癸。」「揆」被認為表示「估量」。

說文解字云：「癸，冬時，水土平，可揆度也。象水從四方流入地中之形」。癸代表冬季，因為凍結而水土平整，可以度量，外形上就像水從四面八方，匯集流入土地中央。

八卦上面的「壬子癸」表北方，屬坎卦，亦有「陷阱」之意，北國天寒地凍，流入了低地的冰冷之水，雖可拿長竿測度其深度，整體而論，落入陷阱之水，插翅也難飛。水是情感，土是思想，水往低處流，思想與情感都處於膠著狀態，雨水讓土深深吸附，偏不是「你儂我儂、忒煞情多」，而是「你嫌我水濁、我嫌你羈絆」，兩造都拔不開，對流入低處的雨水而言，「沼澤」陸化會更形髒污，癸水之人男男女女，願意為他們親密愛人及父母眷屬六親，聚合所有資源，犧牲奉獻，只是如閩南語所說「我不賺你的湯、我不賺你的粒」，結果卻被挑剔成髒臭不堪、無法被珍惜。

從小開始的親子關係循環若是如此，對癸水之人的內在傷害超乎想像，他們會有較低的自我價值感，從親人反應中，產生自我嫌棄感，內心如水困低谷，排水不良，逐步優養化，讓自卑感不斷發酵。

對癸水之人而言，正如霜雪，每片造型都是獨一無二的，他們時常有種錯覺，誤以為他們個人生命故事總是悲苦更甚於他人，別人不容易引導他們跳出負面情緒的循環，因為他們執著於自己的受苦超乎常人，如果他們越是替別人著想，越是委曲求全，就越不會表達內心真正感受。

常常害怕自己麻煩別人，其實是內在的自我價值感低落，嚴重的時候，甚至連開口求助對他們都不容易，例如鳳飛飛女士，從她先生肺癌末期、到自己也罹癌，採取完全保密方式，他們夫妻感情甚好，丈夫去世讓她傷慟不已，後來她生病往生四十天後，高齡母親才得知噩耗，也許她本身很難理解，讓親人能與她好好道別，其實對家人意義重大，癸水之人有著強烈的愛，只是不知道如何讓愛自在流動。

◎癸水之人 擅長語言、但酸言冷語、會損害親密關係

有位年輕男子個案，因為長期苦於家庭中親子互動關係惡劣，不斷求助，了解之後發現，二十多年來，先是目睹爸媽之間情感不睦，父親多年外遇，說是為了兒子需要正常家庭，而勉強彼此在一起，但是母親與父親又習慣把對方缺點，強行灌注給兒子聽，父母又習慣貶低兒子，從小詛咒他長大會沒出息，也時常嫌棄他課業、身材、社交能力不好，這青年痛苦不堪，他訴說著：「感覺自己像個魯蛇（loser），為何我們家總是充滿負面情緒？充滿抱怨、家人間說話充滿批判與嘲諷，讓人想逃開，可是最慘的是我越想逃，反而越乖乖待在家裡，連工作選擇、結交朋友，凡事都聽任他們安排，爸媽在外面世界，都是說話很動聽，可是回到家就換了一個模樣，我像是住在一灘死水中，新水流不進來、髒水流不出去。」為何如此？

因為這對父母與兒子都是癸水【密碼2】之人，也恰好父母都在原

生家庭受傷慘重，本以為結婚可以拯救彼此、圓滿內在缺憾，沒想到無法如其所願，於是將情感投射到外遇對象的身上，而所有來自上一代的親子問題，又繼續傳承到這一代，而且是增添了來自父母雙方加倍的份量。

　　透天厝及公寓大樓皆有「化糞池」，一般住戶都缺乏定期清理概念，往往等到家裡一樓馬桶「黃金滿溢」，才發現「代誌大條」，其實只要請人來抽水肥即可解決。台灣北部曾經發生化糞池蓄積的沼氣爆炸，人孔蓋炸飛，因此平時只要發現室內出現臭味，就需留意，抽完水肥之後，可在馬桶及化糞池裡投入生物酵素，有助於分解池內所累積的污泥。髒污之水需要定期疏通清理，也代表著癸水之人要學會面對、清理負面情緒。

　　處在混沌及負面情緒裡的癸水之人，說出來的話語，就像久未清理的化糞池，飄著惡臭味，尖酸刻薄到讓親人都難以承受，人人家中都有化糞池，所以癸水之人的親密家人比較容易聽到他們真實語言（真心話）。這並不是他們想當偽君子，而是卡在負面情緒中久久跳不出的他們，無法說出祝福他人的話語。在職場帶著專業形象，還能勉強克制，一回到家中，卸除了所有防備，馬上火力全開，用負面言語傷害最親近的家人。

　　費雯麗的前夫說過：費雯麗躁鬱病發初期，在等待上台表演前，會突然情緒失控，大聲尖叫，怒摔物品，但上了台又立即恢復正常，周而復始，躁鬱症日趨嚴重，再加上屬於癸水【密碼2】之人，口齒伶俐，要是他們內在有委屈，剛好家人又去引爆，他們說起話來會得理不饒人，他們可以絮絮不休，把幾百年的事情都好好叨唸一番。

　　也像是天空飄下的酸雨，除了讓人可能掉髮，有毒金屬也能毒害河

川的魚蝦，酸澀的口語表達，毒害了和諧情感。癸水之人的親密關係也難免遇上梅雨季，如范仲淹：「霪雨霏霏，連月不開」有快要發黴的無奈。

語言表達可以讓癸水之人影響這世界，口才的天分童年便能看見，歐普拉七歲時就可以傳道，朗讀詩句讓人動容，十三歲就能在各種場合主持並演講，這就是癸水之人的天分。

◎癸水之人 記憶交錯、情緒低潮時會言詞反覆

雨露之水，因為無根，在地球水循環中周而復始，癸水之人遇到不如意的事情，會憑自己的感覺及印象拼湊，往往與真相差距甚遠。費雯麗躁鬱症狀，折磨著自己、夫婿及友人。發病時會言行失控，除了罵人、打人，還有種種無禮的要求，初期她還會寫信向眾人致歉，但後來已經瘋狂到讓奧利弗無力招架，要求與她中止婚姻關係。

這絕非只是特例，對處於反覆情緒低潮的癸水之人來說，夜晚睡眠是個考驗，腦子像是個老唱盤，不斷重彈著老調，或是某些久遠記憶的定格畫面，像鬼魅埋伏在暗處竊笑，驅之不散，過往事件或負面情緒，像翻攪廚餘卻沒有加入轉化酵素，漫漫長夜痛苦折磨著他們，他們卻始終無法加以擺脫，並按下停止鍵。

毛澤東私人醫生回憶錄中，李志綏醫師說毛主席有躁鬱症合併長期失眠困擾。墨索里尼也躲不掉這疾病摧殘，性情暴躁，極度堅持個人觀點，喜歡別人尊他為領袖。

癸水之人所對應的甲骨文「癸」字，古代視為兵器，「癶」交叉之形如戟，因此當癸水之人發動攻擊時，四面開攻，戰力全開，親人好友都難以倖免於難。

　　還有知名藝術大師梵谷，史學家從他與弟弟的來往書信判斷，他與好友高更激烈爭吵後，割下單側耳朵，之後出現幻覺，變成長期出入精神病醫院，最後自殺身亡。梵谷手足中不少位罹患精神疾病，一位姊妹在精神醫院住了快 40 年，最小的弟弟自殺而死，與梵谷感情最要好的弟弟西奧，同樣苦於焦慮及憂鬱，因為精神錯亂也住進療養院，在梵谷死後不久旋即過世，「不是一家人，不進一家門」，冥冥之中，似乎緣分是天註定。

　　生到癸水之人的家庭，他們共有情緒、金錢、智慧、言語溝通問題，需要一起學習和面對，回歸到前面那位年輕人的家庭，他讓父母必須面對家族業力問題，層層疊疊匯集到兒子身上，已非他一人所能承受，從這角度來看，兒子出面求助是為了要幫助他自己及父母走出生命枷鎖，重獲新生。

　　就像是希臘神話故事中提過的四條冥河，怨河苦惱、悲河悲歎、火河火灼、忘川遺忘，飲下便可忘卻世間往事。癸水之人投生到世間，似乎就是為了摯愛的親人，也彷彿在醧忘臺刻意不飲下孟婆湯，那由前生酸甜苦辣鹹的淚水所熬煮而成，也像是唐朝袁郊：「三生石上舊精魂，賞月吟風莫要論；慚愧情人遠相訪，此身雖異性長存。」帶著太多殘存

記憶，來赴此生之約。

　　癸水之人也像是觀世音菩薩淚珠所化現的度母，想要解救親人脫離生死苦海，卻在進入苦海後，忘了歸鄉之路。

　　又如作家三毛，無法適應填鴨式教育，年輕時便離家學習，在配偶荷西捕魚溺斃之後，她一直無法告別過往，想透過靈媒方式想與荷西有所聯繫，浸潤於悲傷溝渠中，最終芳華早逝，留給書迷無限唏噓。

　　張惠妹的歌曲＜藍天＞：「我陷在愛裡面，漸漸疲憊的臉，彷彿是退不出，又走不進你的世界。」這樣的事件，其實需要三毛的家屬陪伴著他，好好處理從青春年少就有的情緒問題，就像前文提及清理阻塞溝渠，需要清除汙泥、溝水才能暢通無阻，這樣一來『負面水』才能得到甦活機會。

　　還有一位曾經紅遍東南亞的明星藍潔瑛，曾有「靚絕五台山」的封號，退出演藝圈多年，近年來陸續被拍到她精神不濟的畫面，許多人發出「美人遲暮」的感嘆，她對外表示無法走出年少時被侵犯的痛苦回憶，還有一些人際衝突的陰影在心中揮之不去，這是標準癸水之人的狀態，就像洗過澡的水，放進瓶子一天，打開之後，便能聞到不舒服的氣味，褪色的記憶所發揮的威力即是如此，慢慢腐蝕掉癸水之人生命的活動力。西元 2015 年她再度接受採訪，表示生活都靠朋友接濟，想念她失聯已久的家人，想來她背後的原生家庭也許有個辛酸故事。

◎癸水之人 學習冰山語言模式，在對的時機說對的話語

　　冰山對地球人類貢獻良多，就像智慧也被封存一樣，但全球暖化卻使冰川融化，研究人員擔心除了可能造成氣候災難，遠古微生物封存於冰川及凍土層中，若細菌釋放出來，將是更恐怖的惡夢，微生物封存於

冰川之中，冰川融水讓這些微生物有機會找到宿主，病毒可以藉由空氣傳播，同時冰川的水若蒸發，病毒也會隨著雨水飄落到各地。

羅傑斯教授目前在北極圈的冰湖進行Ａ型流感病毒研究，發現候鳥所帶的病毒與湖中病毒結合發生變異後，產生新型病毒。候鳥在所到之處散播新型病毒，容易造成流行疾病。

癸水之人也與「冰」有關，不是每個人都可以發現他們滔滔不絕那一面，加入溫度，他們就會融化成水，所以當他們遇上感到溫暖舒適的人，才會卸下外表冰冷的武裝。就像巨星金城武，他會多國語言，說話表達流利、魅力十足，但他非常少話，私人問題拒絕回答，對於電影演出感受卻是侃侃而談，表現其滔滔不絕的一面。

癸水之人生活中，容易有口舌是非，有二度轉手傳播訊息習慣，因為無意間會說些「廢言」也會傳遞許多「廢語」，糾紛發生時，往往癸水之人難以置身事外。他們常在搞不清楚的狀況之下，跳出來想協助親友們處理夫妻吵架、親子失和等問題，卻常因為他們的不當言語而引起更大的風波，使得問題更加惡化。

癸水之人其實不適合扮演傳話或仲裁者角色。現代通訊軟體何其方便，使用 line 或 fb 時，癸水之人會因為不恰當的對話而引發問題，然後隨著智慧型手機的「複製貼上」，他們的對話再被斷章取義轉貼出去，直接從「公親變事主」。

癸水之人若是介入人際失和問題之中，容易因為他們處理而更惡化，因為片段剪輯、記憶失準，讓他們其實不適合扮演中間傳話或仲裁者角色，就如同溶化的冰層，細菌與病毒傾巢而出，可是會引動流行性疾病，啟動冰山耍酷模式：「有所言，而有所不言。」

「遠離口語是非圈」算是癸水之人平安符。

◎癸水之人 金錢遊戲須慎重
可從事靜脈產業、行銷高手或是心靈講師

　　壬水之人【密碼１】及癸水之人【密碼２】與錢財有很深的關係，若是能從事與本質相關的行業，便可所向披靡，例如：賴利佩吉、謝吉布林創立的谷歌（google）公司，有強大的搜索引擎，打上關鍵字，就可以將任何關鍵字有關的文獻、多媒體影像，全數在幾秒內呈現閱聽者眼前，只要曾經公開發表過的文字，像是一本最即時的世界各國百科全書，而且都能隨時更新，也像是流通世界的智慧渠道，系統處理過往所有訊息，也就是前人累積智慧水，讓現代人的得以博古通今，包括私人建立的表單或文件，也可以與世界上所有人雲端分享，密布在地球無處不在的地下水道網路，為他們匯聚了世間豐盛的財富。

　　孔子有位得意門生端木賜（子貢），孔門十哲中以言語聞名，善於言詞，處事幹練，曾任魯、衛兩國之相，擅長經商，是孔門弟子中的首富，將賺來的錢財用來支持孔子的理想，孔子去世後，子貢守喪六年，「端木遺風」標榜他誠信經商的風範，後人還尊他為財神，為後人樹立「君子愛財，取之有道」的典範。

　　癸水之人除了適合從事金融業之外，也適合從事已開發國家重視的靜脈產業，將廢棄物轉化為可重複使用的資源和商品，以保護生態環境。此外，從事商品行銷或是擔任心靈講師，也都非常適合，如林清玄。癸水之人在職場也容易碰觸到隱身於檯面下的金錢，必須謹慎小心，例如之前報關業者私進冷凍漁貨，行賄海關放水，收賄的公務人員集體被移送法辦，「不義之財」的背後往往要付出更高的代價。

　　此外，癸水之人有中途變節的機會，例如汪兆銘，筆名精衛，本想效法「精衛填海」精神，清末本為了革命獻身，在所不惜，卻因為偽政府，

後來毀了前生清譽。

此外，因為雨露霜雪都是在無意間轉化為水，掉落人間，即時雨可以讓人無比雀躍，因此癸水之人也會有遇到意外之財的機會，「積善之家，必有餘慶，積惡之家，必有餘殃」。好運也許就降臨在默默積善良久的人身上。

◎癸水之人 進行情緒排毒、留意腎臟健康

每逢暴雨來襲，台灣常會發生水災，日本雖也會碰上豪雨成災，東京都會區卻不曾為水災所苦，這是因為日本在琦玉縣興建「地下神殿」，為全球頂級排水道系統。茂呂美耶表示：此排水系統以五座巨大蓄水井為主體，每座蓄水井約8層樓高，雄偉如古希臘神殿。興建目的是當東京區遇見洪水來犯時，能盡速將首都圈河川洪水，先匯流到地下水道後，再從江戶川排出，全長6.3公里，除了可避免洪水氾濫成災，還能作為蓄水地下水庫，從地下水道的處理態度，可以窺見一個國家的文明發展狀態，不只是治標，而是從根源處下手解決汙水及排水問題。

癸水之人所對應的人體器官是腎臟，腎臟就如同城市中的地下水道、淨水系統、協助人體清除廢物，是人體的天然淨水器，每天能過濾十八

萬 cc 以上的血液，腎絲球和腎小管組成的一百萬個腎元，二十四小時絲毫不停歇地為人體進行過濾、清理、回收、分泌、再吸收、代謝，腎臟為人體的清淨平衡盡忠職守，腎絲球像是個過濾網，蛋白尿表示腎絲球受傷了，濾網出狀況，嚴重時甚至可能要面臨洗腎。

內在莫名的恐懼是癸水之人的課題，恐懼的無非是「事業、家庭、情感、金錢」，就如同東京的地下神殿排水系統，清理情緒毒素與情緒療癒對於癸水之人非常重要，因為排水系統也代表體質容易細胞病變，癸水之人面對「事業、家庭、情感、金錢」這些生命課題中，容易遭逢至少一種失敗體驗。

我們可以從一些案例加以驗證說明：癸水之人與腎臟之間，在身、心、靈上的互動關係，腎主納氣，「肺為氣之主，腎為氣之根，肺主出氣，腎主納氣，陰陽相交，呼吸乃和」，腎又開竅于耳，與聽覺退化有關。鳳飛飛二十四歲起右耳飽受失聰困擾，更常為耳鳴煩憂，後罹患肺癌；費雯麗有多年的肺結核、情緒長年躁鬱；汪精衛糖尿病，受風寒導致肺炎而逝；鄧麗君小姐苦於多年氣喘病。

癸水也與婦女月經相關，＜黃帝內經、素問＞：「二七而天癸至，任脈通，太衝脈盛，月事以時下。」癸水的女生要特別悉心照護婦科子宮，梅艷芳因子宮頸癌抱憾離世。如果癸水之人產生了靈魂本質的器官疾病，就不適合拖延醫治，拖久了便無力回天。

◎癸水之人　在苦痛中體會慈悲及智慧

倉央嘉措是達賴六世，名字意味著「音律之海」，生於清朝，在確認為達賴轉世前，家鄉已有青梅竹馬的意中人，兩人情投意合，後來他進入布達拉宮學習，他難以適應宗教領袖的生活，懷念故鄉及情人，便

不時把握時機與情人相見。某日大雪後，鐵棒喇嘛順著雪地腳印尋覓，找到倉央嘉措寢宮，身旁貼身喇嘛被嚴懲，還命人將他的情人處死，體驗到這樣巨大的情感撕裂傷痛後，倉央嘉措在靈魂暗夜中，去思索著生命真正要教導他的內容到底是什麼？情愛珍貴，卻突然幻滅，那什麼才是人生互古不滅的呢？

　　因為經歷過情人忘我的愛，引導他更契入於高層心靈，他將滿腔的熱情，書寫成無數浪漫詩篇，常被後人解讀為情詩，事實上這是他對生命負面體驗的「道詩」，他寫出了世間人在物質情愛及靈性提升之間的糾結——

　　「曾慮多情損梵行，入山又恐別傾城，世間安得雙全法，不負如來不負卿。」

　　如果作家三毛，能夠從更高靈性觀點去看待喪偶的傷痛，也許她也能有類似倉央嘉措的領悟，好好地活著，才能「不負如來亦不負卿。」倉央嘉措的考驗不只是失去摯愛，後來還被康熙皇帝安了不守清規罪名，廢了他原來的高位，傳說他死於押解途中，也有人傳說他逃到內蒙，隱匿修行。

　　對癸水之人而言，從天上純淨之水，落到地球的染污過程中，若能找到自我淨化之道，如同蓮花出汙泥而不染，癸水之人便如同那葉片上耀眼露珠，晶瑩剔透，閃亮動人。倉央嘉措後來已經從小情小愛中悟道，體會到與大我高層心靈合一的喜悅！

　　「那一刻，我升起風馬旗，不為乞福，只為守候你的到來；

　　那一天，閉目在經殿的香霧中，驀然聽見你誦經的真言；

　　那一月，我轉動所有的經筒，不為超度，只為觸摸你的指尖；

　　那一年，我磕長頭匍匐在山路，不為覲見，只為貼著你的溫暖；

那一世，我轉山轉水轉佛塔呀，不為修來世，只為途中與你相見。」

＊　　＊　　＊

歐普拉參與許多慈善，從窮困黑人到成為談話秀節目女王及億萬富豪，透過自己節目，組織起讀書俱樂部，引發了美國閱讀革命，讓許多人因而懂得賞析、閱讀、吸收新知、變成生命智慧。歐普拉有句名言「你瞄到問題、你就得到聚焦及解決問題機會」(You spot it; you got it)，在冥冥之中，註定著歐普拉用淨化水循環模式自我提升與實現，「來一個問題、我就處理一個，來兩個，我就解決一雙。」把原本生命上游垃圾恐懼，變成眼前無限期待的淨化工程，一念之轉，天差地別。

＊　　＊　　＊

伊莉莎白一世（癸水之人），統治英國四十四年左右，功績厥偉，開創英國的文藝復興，奠定海上強權基礎。他的父親就是我們在辛金之人【密碼０】介紹過的亨利八世，亨利八世娶了六個妻子，第二任妻子被斬首就是伊莉莎白一世母親，當時伊莉莎白一世才兩歲半，也因為這段婚姻被判無效，她淪為沒有名分的私生女，捲入其姐姐血腥瑪麗女皇的政治鬥爭，還被囚禁於倫敦塔監獄，因為其他手足都早逝，才改由她接任，一開始，宗教紛擾、政治不安，與鄰近國家也有衝突。

回顧她悲戚的童年，年幼喪母，如果您再回頭展讀她父親（辛金之人【密碼０】）的部分，會發現他的父親亨利八世無法信任臣子、親密愛人、子女，所以常常翻臉不認人，先下手為強。「伴君如伴虎」，從大自然的角度，雲霧與雨水時常相伴而生，伊麗莎白一世若繼承父親的做事風格，英國大概也逃不掉一場場的「腥風血雨」。沒想到她竟把所有的悲哀轉向尋求智慧活水，而不是持續待在爛污中讓苦澀發臭。反倒是自小即努力向學，在皇家接受了完整的古典人文教育，同時因為非常

認真用功，她精通拉丁文及歐洲等多國的語言，甚至可用拉丁文演講，因為見多識廣，她用人唯才，聘請塞希爾擔任樞密顧問。並且要求他務必忠誠於國家，不得腐化，無需介意女王個人觀點，任何意見都要知無不言，掌握「知人善任、疑人不用、用人不疑」的原則，為其領導打下最好基礎，也完全改變了父親亨利八世治理國家的風格。

對於成長於危機四伏宮廷環境中的癸水之人，成年後能有如此容人雅量，實屬不易，顯見她已為自己找到智慧活泉。就像愛河上游仁武大社區域，最初就缺乏污水下水道系統，上游一開始就是民生及農工業廢水，於是高雄市政府整治了九番埤人工溼地公園，直接從污染源處理。

另一位是二次世界大戰義大利獨裁者墨索里尼，同樣是童年頗受苦，卻始終無法掙脫他喜歡霸凌他人的習慣，他操弄司法、限制新聞自由、政治迫害、暴力橫行來鞏固權力，最終與情婦淒慘地曝屍在外、讓憤怒的義大利人吐口水洩憤。

反觀伊莉莎白一世，她沒有被權力沖昏了頭，雲英未嫁，她告訴人民——她把自己嫁給了英國，因童稚的艱辛過程，她深知要掌握自己的命運，組成生命共同體是最佳選擇，官員、人民、軍隊全都在同一艘船上，塞希爾形容她是最聰明的女人，每個大臣只要向她提意見，她幾乎無所不知，後來近兩百艘西班牙無敵艦隊進逼，英國在危急存亡之際，她穿上戰袍，親上火線對將士說出「我雖是弱女子之身，卻有王者肺腑、更有英格蘭王者之心。」無敵艦隊慘敗，展開了英國的黃金時代。

癸水之人來世間體會生命千滋百味、愛恨情仇、貪嗔癡，最終透過具體行動，體現了他們與生俱來的智慧與慈悲。

◎癸水之人 掙脫生命牢籠、跳脫生死大海、離苦得樂

電影「刺激 1995」又名「鯊堡救贖」（Shawshank Redemption），是二十年來全球觀眾票選最佳影片，劇中男主角安迪，本來是銀行副總裁，年輕有為，妻子及情人慘死槍下，檯面上證據對他不利，無辜之人，卻被判處兩個無期徒刑，從天堂掉進了地獄，進入監獄第一天，他就目睹菜鳥囚犯被獄卒活活揍死，他與整體環境的人事物看來如此突兀，卻慢慢摸索出生存之道，獄中好友瑞德專營菸酒及各種違禁品，因為安迪本來就對石頭及地質學有所研究，透過瑞德，安迪取得小榔頭，監獄中有位典獄長諾頓，聲稱紀律及聖經是他的基本信仰，對於聖經內詩歌如數家珍、倒背如流，實質上貪婪而殘暴，獄卒警長海利是最殘酷幫兇；安迪因為長相秀氣斯文，即使想盡方法抵抗，還是遭變態禽獸柏格斯三姐妹辣手摧殘，時常鼻青臉腫一身傷，因為柏格斯幕後有人撐腰，沒有人能解救他脫離性侵虐打的惡性循環。

　　直到某日，他鼓起勇氣，主動表明可替海利警長解決繼承兄弟遺產繳稅問題，他的命運開始不同，柏格斯再度虐待安迪之後，被海利痛毆到終身癱瘓，劇中的監獄是弱肉強食的小社會，人命危脆，像是一瞬間就可以被上位者捏碎，因為安迪的財務專長，他負責起典獄長帳冊、還協助所有獄卒報稅及申請子女教育獎學金，報稅季節請他幫忙的人總是大排長龍。如此痛苦的黑暗生活，安迪依然保持積極正面，從洗衣部門被轉至圖書館後，為了爭取更多藏書，他不斷密集寫信給州議會，鍥而不捨地寫了好幾年，政府總算撥下預算整修圖書館，使該監獄的圖書館成為全美最好的監獄圖書館，他同時把音樂帶進監獄，飄進了囚犯的心，希望他們能夠從書本及音樂中嗅聞自由的氣息。他還進一步幫助這些失學的囚犯取得高中學歷認證，甚至幫他們上課，鼓勵他們學會認字閱讀，即使在獄中，他心心念念的還是幫助別人。

安迪對於生命始終懷抱希望，摯友瑞德卻說希望是鯊堡最可怕危險的東西，瑞德認為監獄已將人完全控制化，讓你尿才可尿、准你吃才能吃，像機器般行屍走肉，一切都照監獄的規範及流程走，久而久之，忘了自己是誰，圖書館老管理員布魯克斯，在鯊堡度過五十年，出獄後重獲自由，卻因為習慣舊模式，在外面世界找不到個人定位，茫然無依，後來竟然選擇在中途之家上吊自殺。你是否發現監獄與現實中人類社會很相像？

　　「體制」僵化了人的心，只想待在安全區域，畏懼改變，像在牢裡混得很好的瑞德就是如此，我們每個人不就像是住在一個個牢籠裡，被自己的思想高牆圍起，以為自己很差勁，這個我不行、那個我辦不到。

　　湯米是電影末段出現熱血青年，對生活懷抱希望，關個兩年便可出獄，安迪對他疼愛有加，從字母開始教他，也幫助他順利通過高中學歷檢定，他在與湯米聊天後，才意外得知安迪妻子及情夫謀殺案，真兇的身分，並且願意協助安迪作證洗刷冤屈，沒想到典獄長私心過重，強要留下安迪為他繼續洗黑錢，硬是趁機槍殺了湯米。

　　基於好友情誼而留在監獄的安迪，如大夢初醒，發現唯有他成功跳出腐化的監牢，才能真正解救他人，於是展開逃獄大作戰，這十七年之間，他早已利用小榔頭敲出祕密通道，隱藏在瑞德買給他的大型美女海報後面，爬出通道後，趁著雷電交加的夜晚，將水管砸破，再爬行五百公尺髒臭的地下水道，在這驚險的逃獄過程中，他更是嘔吐不斷，撐過最恐怖的這段路，從地下水道最末的湖泊游泳上岸，天際依然下著大雨，自由的雨滴洗去了他近二十年髒污，他將雙手往上高舉，彷彿將純淨的自己再次敬獻給這世界。

「癸」字不正像這雙手，撥開陰霾，便可見天、體會重返天堂之極樂。

紅樓夢中，薛寶釵的冷香丸，主要是春夏秋冬四季的名花，四種花蕊於隔年春分日曬乾，研磨好，用最誠敬之心，雙手捧著容器承接無根之水，分別是雨水日所下雨水，白露日的露水，霜降日的霜，小雪日的雪各十二錢，四水調勻，加入各十二錢的蜂蜜及白糖，製成丸子，收於舊瓷罈中且埋在花根下。發病時，則吃一丸，並與十二分黃柏煎湯喝下。

癸水之人宛若人世間的藥方子，當他們看見內在的純淨，將智慧水分享出去，就像是這暗自放香的冷香丸，四季存放便可替人療病。

再回到上述的電影情節，聰明如安迪，成功越獄後，先是到銀行把人頭帳戶中黑錢提領一空，並且把典獄長數十年罪行的證據寄送到警局，接著越過邊界，到達他夢想中的國土開始新的人生，並且事先要求瑞德出獄後到約定地點拿禮物，他附上了一封信，信中寫道：「請牢記－懷抱希望是件好事，也許是世上最美好的事物，美好的事物是不會消失的。」最後也協助瑞德展開新的人生。

正如電影所言「只有恐懼能將你囚禁，而希望使你自由。」

Fear can hold you prisoner. Hope can set you free.

癸水之人的生命主題裡，總夾雜著極大的恐懼，而「恐懼傷腎」。安迪的故事不正也是提醒著所有癸水之人，從至上純淨意識來到染污人間，禁錮他們靈魂的是自己的心，若想要解脫枷鎖也是靠他們自己的心，當他們可以釋放自己的恐懼，看見內心的廣袤無邊，癸水之人便能完成生死輪迴，離苦得樂，從中解脫，體會弘一大師所言「悲欣交集」四個字。

◎癸水之人 終極使命、徹底淨化、回歸無根水或純淨氣態

人類排泄物常汙染水源，全球至少有二十億人缺乏乾淨飲水，Janicki 發明的「全能處理器」，獲得比爾蓋茲慈善基金會的支持，他將糞水經過蒸發、高溫燃燒和過濾後，五分鐘內變成淨水，乾燥後的糞便則用於發電，期望解決某些地區缺水的問題，比爾蓋茲表示這是他喝過最美味的飲用水。癸水之人的使命，就是不斷地讓自己經歷「過濾、高溫、蒸氣的過程」，回歸純淨的本質。

阿根廷設計師 Leonardo Manavella 設計尿液過濾器 Agua H2O，這是個能隨身攜帶的裝置，蛋型過濾器中含活性碳以及過濾裝備，可將尿液的顏色、味道去除並過濾掉細菌，對著容器小便，再以膝蓋擠壓兩側汽缸，尿液便完成最後過濾程序，可從噴嘴直接飲用。NASA 也很早就發明尿液回收機，因為無法高頻率地在地球與太空間運輸水資源，直接讓尿液過濾後食用，省時省事又便利。

德國哲學家叔本華說：「所有人都受個人視野觀點侷限，因而侷限了外在世界。」因為受限於個人觀點，我們都活得充滿稜角，好像住在狹窄「膠囊飯店」，也像個人牢籠，只能容許自己翻身，連擠進第二人

的空間都沒有，換言之，對於被六親眷屬一言一行往下拖住的癸水之人，處處皆極限，狹窄的內在空間，連呼吸喘息都吃力，又當如何讓愛流動？

因此「零極限」（zero limits）是無限遼闊（limitless）概念，讓牢籠立刻消失，並且朝四面八方擴充疆域，無促狹感，讓癸水之人接上純淨神性水源，像是空中降下一條無形救生索，從平面受困觀點脫身，去看見水循環沒有所謂侷限，不管在泥土裡、在動植物體內，只是改變轉化過程，像個拿回生命主控權的投手，願意100%承擔眼前看來落後比數，原諒自己及別人之前失誤，認真地投出後面的每顆球，寬恕家庭成員中每個人、寬恕自己。

下面莫兒娜祈禱文很適合癸水之人【密碼2】，可以常常祝福自己及家人的一段祈禱詞：

「神聖造物者，集父親、母親、孩子於一身…從創世之初到現今，如果我的家庭、親屬或是祖先曾經在思想、語言、言行舉止上，冒犯過你、你的家庭或你的祖先，我們尋求你們原諒。透過這樣的清理、淨化、釋放並切斷所有負面記憶、障礙、能量以及振動，同時將這些無益能量轉化成純粹的光…而一切就這樣完成了。」

＊　　　＊　　　＊

地球的總體水量，因為水循環之故，維持著進出等量，就連動植物死後埋入土中，體內的水分，也會逐步蒸發至空中，即使是我們嫌棄髒污的屎與尿，轉成細微水蒸氣後，也是回歸天上重新排列組合，我們身上因為生理機能所蒸發的水分，透過這樣的循環方式，人類生生死死，水分子聚與散，不就是回歸到前面靈的概念。

其實從水的循環角度來看，所有的水都蒸發到天上，再化為雨水降落到各地。每個人身上的水經過水循環後，你身上有我、我身上也有著

你，眾生實為一體。所以「我為人人、人人為我」是自然科學的現象。鯊堡救贖記：「堅強的人只能救贖自己，偉大的人才能救贖他人。」這樣的自救救人，就是回歸到最前面所說的「自渡而渡人」。

<心經>云：「舍利子！是諸法空相：不生不滅，不垢不淨，不增不減。」文字看來頗深奧難懂，但是從地球水循環來探究，「不生不滅，不垢不淨，不增不減。」說的不正是水，髒水只是眼前看來汙濁，只要經過處理，就回歸本質。

<金剛經>云：「佛告須菩提，凡所有相，皆是虛妄，若見諸相非相，則見如來。」如果執著於眼前的困境、生活的不安，就會一昧陷溺沉淪。但是透過水循環的道理，癸水之人若能牢記——面對任何負面情緒或困境，要保持「覺知」之心，丈量自己當下的能力與斤兩，不是一股腦一頭熱地打爛仗，時時為自己引入智慧活泉，讓自己充滿希望，為自己帶來溫暖，天上之水的本質便可呈現，愛也能自在展現。

莫忘記，你們曾經帶著多大的許諾，要為這世界帶來最大量的愛，謹以韓紅的歌<我愛故我在>喚起癸水的靈魂記憶。

作詞：李焯雄

直到江河流入海　　直到黑變白

直到你相信 不疑猜　　直到種子被散開

直到抱個滿懷　　　直到安心存在

直到不感慨　　我都在

直到不用淚灌溉　　直到在血脈

直到你相信 不搖擺

直到初心像嬰孩

直到互不傷害　　直到愛融入愛

直到心打開　　　我都在

直到塵埃回歸塵埃

直到火柴燃燒自己 點亮愛

沒有例外 我愛故我在

因為愛 不輕言放開

我愛故我在

◎四季之中的癸水之人

・春季之雨水（民國５２年出生者）：為春天的雨水，能言善道，有唯利是圖傾向，能關心自己，也關心身旁的人，只是耳根子較軟，故容易聽信謠言而發生口舌是非，凡事切記以誠信為本。代表人物是李連杰、布萊德彼特、梅艷芳、藍潔瑛。

・夏季之雨水（民國４２年、民國１０２年、民國３２年、民國９２年出生者）

夏初之雨水（民國４２年、民國１０２年出生者）：屬於梅雨季，第六感靈敏，錢財、情感、子息等方面容易發生缺憾，要留意言行不一、顛倒是非的問題，處事要留意天時、地利、人和。代表人物是伊莉莎白一世、毛澤東、習近平、鳳飛飛、鄧麗君、張艾嘉、蔡正元、林清玄。

夏末之雨水（民國３２年、民國９２年出生者）：為普降甘霖，表達力與執行力都不錯，容易現學現賣，學習能力佳，但缺乏定性，生性多疑，喜歡比較，學習寬容之心，以禮相待則可以利益更多眾生。代表人物是墨索里尼。

・秋季之雨水（民國２２年、民國８２年出生者）：為秋天的白露，看來安靜閉塞，心思卻靈敏流動，非常在意他人的評價觀感，想像力豐

富，但魄力不足，會想逃避現實，記得凡事盡力就好，不要去擔起不必要的責任。

・冬季之雨水（民國１２年、民國７２年、民國２年、民國６２年出生者）

冬初之雨水（民國１２年、民國７２年出生者）：為氾濫的雨水，會借力使力，不會正面衝擊，外在平和穩健，但內在心口不一，注重工作效率，避免開快車或超速。

冬末之雨水（民國２年、民國６２年出生者）：水結成冰，重視禮法及規範，有智慧，但有時會執著不知變通，拘泥於傳統，容易傳承長上想法，循正常管道解決困難，才不易因小失大，代表人物是倉央嘉措、孫運璿、金城武、費雯麗、梵谷、賴利佩吉、謝吉布林。

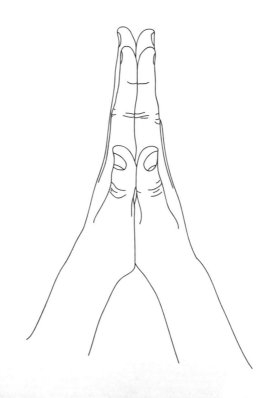

【靜心時間】

癸水是經驗的累積，帶著遠古時代的記憶，

天上水落於人間不知從哪聚集而來，

憶起你的源頭，重拾智慧根源，

習修、轉化終能撥雲見天、化為天上水利眾生。

第四章

學員心得分享

Phoenix Center

每一顆種籽，都有適合生長的土壤，端看有沒有播種在適合的土地上，發芽、茁壯。

但是，你知道你是什麼品種的種籽嗎？

你知道你是誰嗎？你知道你可以成為誰嗎？

若沒有先找到自己，就算你學會一些工具，依然是無法改變自己的命運。

在前面的章節之中，介紹這十個成功密碼～天公伯的十把鑰匙，讓每一個人都能明白自己成功的立足點，站在這一個基礎上，善用自己。只有你知道【自己是誰】，你才能在提升自己成功的同時，又能享受生命的喜悅與真正的幸福。

我們必須學會用正確的方法，才能真正破解頭腦的迷失，來改變今生的命運。將命運之神操在自己的手中，運用天地之理，扭轉乾坤。

學員心得 (澄澄)

古人以木喻人，真的是太貼切了！有小孩子的父母不知道是否有去觀察小 Baby 的成長過程，我自己有三個小孩，也因為是自己帶，所以我會覺察小 Baby 的微小動作，當小孩子還不會翻身之前，讓他躺在床上一邊靠近牆壁 (有窗戶)、一邊靠近大人時，卻要常常去幫他轉頭，原因是小孩子就像一株小樹一樣，他有趨光性有向陽的特性。而且在那麼小的小孩也沒有人教他要向著那個方向，他卻是自然而然的自動轉向。婆婆沒讀書，但是老人家跟大自然學習到的經驗，卻是遠比我們有讀書的人經驗更豐富。婆婆會要求我幫小孩換邊睡，她說：小孩面光，睡習慣了頭會傾斜一邊不好看。

原來人真的像樹木一樣，需要有陽光給方向，給熱能，才會有抵抗

力。人也必須學習像樹一樣，若要頂天立地，就要能經得起氣候酷熱、寒風吹襲，歷經春、夏、秋、冬四季冷熱交替，幾經寒暑的淬煉，才能直立千古，屹立不搖。

學員心得（鈺豐）

生命隨著時間的流逝，一點一滴，從不停歇。從小一直有一個疑問，人們從出生、經歷上學、讀書、國小、國中、高中、大學、出社會、結婚、生小孩、養小孩、長大、結婚、養孫子、老、病、死，所為何事？

殊不知每一個人來到這個地球這試煉場，是為了提升靈性，往更高的等級做提升，但曾幾何時能憶起自己的使命為何？如今有此難得的機會習修到合乎自然之道的天象，真是三生有幸，再加上楊老師的精闢解說：真是前無古人．後無來者。

十個密碼（天干）的變化可高可低，千變萬化。

學員心得（雅瑄）

樹是人賦予它的名稱，樹是存在的？【我】也是一個概念。假如樹不存在【我】就不存在，去體驗觀察到的每一個特質。

樹根有向濕的特質，人也會為了慾望而追求，在我的生命中也曾為了利益而迷失過，我也曾經陷入自我譴責而無法跳脫，課程中老師說：「假如定位錯了，可以去重新定位，從意識上去改變那個型態。」

進入觀察，藉觀察進入自己的內在，去看到自己正在做什麼，動了什麼念頭？假如我正在做的是我定位的角色，那就不會有批判、不會有抱怨。

往往無明讓我落入深淵，透過天象的學習，師法大自然這個老師，

讓我的生命重新有光明。

（眾多的分享，請看鳳林心境的部落格：http://blog.xuite.net/yang0925871519/twblog
或鳳林心境粉絲專頁：https://www.facebook.com/PhoenixCentre2007/）

第四章

鳳林心境的由來

Phoenix   Center

幾年前，我在無意中，看見一本書（忘記是哪一本書了），書裡面敘述『鳳凰』的故事。

故事大概是這個樣子的：當初在天堂的國度伊甸園中，夏娃因為蛇的誘惑，而摘下了分別善惡知識樹上的紅蘋果，並且分給了亞當，亞當也吃下紅蘋果，最後兩人就被上帝趕出了天堂。

在分別善惡知識樹下，有一座漂亮的玫瑰花園，花園裡住著一隻鳥。亞當和夏娃被上帝趕走的時候，夏娃非常的生氣和怨恨，所以她把怨恨的火焰發射到鳥兒的巢裡，鳥兒就被藍色的火焰給燒死了。

但是，這個時候，鳥巢裡有一個紅色的蛋，突然裂開來，裡面飛出一隻大家都沒有看過的鳥兒，祂就是鳳凰。

鳳凰美麗的翅膀以及尾翎，就像天上的彩虹一般（七彩）。

鳳凰飛翔的時候，天空中就像似有一道電光（好像閃電）劃過。

鳳凰的鳴叫，那美妙的聲音，可以嫋繞三天，聽見的人都猶如置身天堂。

鳳凰飛到有赤子之心的人的身邊時，這個人的頭上便會出現一道光圈，這道靈光會實現並創造所有的夢想。

鳳凰飛進去屋子裡面，屋裡就會散發紫羅蘭的香味。

鳳凰在樹上是要指引一條路，讓人們可以回到天堂的家。（鳳林）

這大約是我可以記得的故事，很美…直到發現『天象姓名學』之後，我才理解為何我會愛上這個故事。

因為有很多的訊息都指向地球需要提升，而當我領悟鳳凰在人間真正的任務時，我才了解老天給了一個大禮物給鳳林心境——天象姓名學。

當初在天堂的玫瑰花園裡，鳳凰從花園迸出來時，上帝親吻了鳳凰，並且對祂說：「祢到人間去把亞當、夏娃以及他們的子孫找回來。其實他們就是不知道犯了什麼過錯，才心碎地離開天堂。祢要讓他們知道，他們究竟是為了什麼緣故，才離開天堂、失去了歡樂。」

鳳凰是上帝派到人間的使者，來到人間，是為了讓那些自以為犯了過錯，被天神遺棄的人們，指引一條回家的路，一條通過彩虹橋與神合一之路而來到人間的使者。

鳳凰每經過１００年，就會在自己的巢裡燒死一次，然後從火焰之中，再重生出一隻小鳳凰，故有火鳳凰之稱（浴火鳳凰）。

這讓所有要成為鳳凰的人知道，面對生命中的苦難、挫折，要能面對它（不否認、不逃避、不拒絕）。

鳳凰在火中重生，學習到了療癒、智慧、忍耐、開悟….。

在『鳳林心境』的宗旨裡，期許能有更多的鳳凰，勇於面對自己，讓自己重生，去發現自己的使命，完完全全把自己分享出去，再指引更多的人，回到家的道途來。

鳳凰王者百鳥朝、
林間諸禽非凡超、
心繫天意平亂象、
境中自然師為道。

鳳林小組

　　沒有人的出生是偶然的，我們每一個人來到這一個世界，都有特殊的命運和使命，而鳳林小組的成員致力於幫助人們『從痛苦之中解脫』，這是鳳林小組最大的願景。

　　我們在鳳林心境經驗永恆，開悟智慧。反思我們不妥當或不夠完美的地方。相信新的智慧將從傷痛中誕生，讓我們的思維更通透，更圓融、更豁達。

　　假如，你的願景和我們有相同之處，歡迎加入這一個優秀的團體，共同為『解脫』一起努力。

鶤鳥秋來化做鵬，翔翔得志盡飛騰，
直衝萬里雲宵外，任是諸禽總不能。

諮詢顧問

　　人生有順境也有逆境，順境的時候，我們感到輕鬆、容易，也充滿喜樂和希望，好像怎麼做，就怎麼好。

　　而在逆境時，卻是怎麼做，就怎麼不對勁，生命似乎像是卡住了一般、無法動彈，非常難受。

　　然而，您是否留意到，生命中的逆境讓我們開始想轉換，有些人在這階段開始了新的走向、有些人開始思考，什麼才是我真正在乎想要的….假如你正在人生的十字路口，那麼給自己一個機會，和我們的諮商顧問聊聊，或許在你的生命中會有不同的境遇 .....

諮商顧問：

    南部地區：王老師（0938-105-567）

            簡老師（0982-601-785）

    中部地區：楊老師（0925-871-519）

    北部地區：黃老師（0939-954-247）

            張老師（0933-924-196）

服務項目：

＊天象姓名學：嬰兒命名、更名、公司命名、寵物命名‧‧‧‧

    【請跟諮商顧問聯絡】

＊全方位陽宅學：(融合玄空、紫白飛星、龍門八大局、九星水法、八宅明鏡、現代陰陽宅佈局和五元六氣。)

    【請跟黃老師聯絡：0939-954-247】

＊各種擇日：(剖腹日課、結婚日課、開工日課、入宅日課、安神日課、破土日課 ....)

    【請跟黃老師聯絡：0939-954-247】

＊安神位、安祖位。【請跟黃老師聯絡：0939-954-247】

＊前世因果。（僅限鳳林心境學員）

＊能量療癒：彩光針灸。

    【請跟王老師聯絡：0932-812-605。洪老師（0926-207-848）】

＊芳香療法【請跟潘老師聯絡：0973-377-077】

課程簡介：

　　• 幸福人生：

（愛、健康、寧靜、成長、關係、事業、財富、家庭、慈善、使命）如何蛻變？如何富足？唯有愛是所有一切的解答。

　　ｐｓ：一年二個梯次。（有限定名額。可以複訓）

　　• 光的課程（初階、行星、天使）：

天堂不在遙遠之境，或遠到你無法觸及，蛻變就在當下。活在此時此刻，向內探尋，天堂就立現。期待在光與愛中與你相逢，讓我們共同守護地球這美麗的家園，以心中滿溢的愛打破人我間的藩籬。

　　ｐｓ：定期開課中，歡迎插班。可以複訓。

　　• 天象姓名學【教師班】（看見生命中的真相）：

結合科學、大自然奧秘與文字造字的開運學，快速解開生命吉凶禍福的密碼。這是一套創新的學問（鳳林小組研發）

　　ｐｓ：二年才會開一次新班。教師級的課程。

　　• 全方位陽宅學（如何幫助自己富足）：

融合各門各派陽宅學的優點。配合自然、科學、人性在陽宅中的佈局。其實生活環境品質的好壞，對於人的成長、人格與運途吉凶、以及財、官、祿的福分，是有很大的影響。所以陽宅對人們的前程是具有深遠的影響。

　　• 從頭腦解脫：

是一門進入高意識狀態的入門旅程；帶領我們進入一個完全接受自己真實本然的狀態。更能引導我們和內在的神性有一層更深的連結。在這個課程中，你會開始看到衝突的化解，以及對生命本然的覺醒。不受頭腦干擾的對事物真相的覺醒。對自我及周遭生活產生新的洞見與明白。

ｐｓ：一年二個梯次。必須先上過光的課程或幸福人生。

• 天象與合一（物質與靈性平衡的法則）：

找到真正的自己，與瞭解自己的天生特質，讓自己可在現實生活裡，有更大的能量，顯化內心最渴望的事！使生活更喜悅更豐盛！

ｐｓ：一年三個梯次。（可以複訓）

• 從天象認識自己：

進入大自然中，去體驗生命的奧秘。

ｐｓ：一年二個梯次。

以上課程，請洽詢『課程諮詢師』

南部：王老師（0938-105-567）、簡老師（0982-601-785）

北部：蘇老師（0927-264-152）、洪老師（0926-207-848）

Phoenix Center

國家圖書館出版品預行編目 (CIP) 資料

天公伯啊！請翻轉我的生命 / 鳳林心境南著．
-- 第一版 . -- 臺北市：樂果文化出版：紅螞蟻圖書發行，
2016.05
面；　公分 . --（樂生活；33）
ISBN 978-986-93011-2-1(平裝)

1. 成功法 2. 自我實現

177.2　　　　　　　　　　　　　105005053

樂生活 33

天公伯啊！請翻轉我的生命

作　　　　者 ／ 鳳林心境
總　編　輯 ／ 何南輝
行 銷 企 劃 ／ 黃文秀
封 面 設 計 ／ 上承文化
內 頁 設 計 ／ 上承文化

出　　　　版 ／ 樂果文化事業有限公司
讀 者 服 務 專 線 ／（02）2795-3656
劃 撥 帳 號 ／ 50118837 號　樂果文化事業有限公司
印 刷 廠 ／ 卡樂彩色製版印刷有限公司
總 經 銷 ／ 紅螞蟻圖書有限公司
地　　　　址 ／ 台北市內湖區舊宗路二段 121 巷 19 號（紅螞蟻資訊大樓）
　　　　　　　　電話：（02）2795-3656
　　　　　　　　傳真：（02）2795-4100

2016 年 05 月第一版　定價／ 250 元　ISBN 978-986-93011-2-1